Jennifer Mockenhaupt | Simone Nettingsmeier

Spiele zur Unterrichtsgestaltung

Französisch

Verlag an der Ruhr

Impressum

Titel

Spiele zur Unterrichtsgestaltung – Französisch

Autoren

Jennifer Mockenhaupt, Simone Nettingsmeier

Titelbildmotive

Eiffelturm © Thorsten Schmitt | Sprechblasen © Alberto Masnovo | Boule © lightpoet | Rotwein © Jeka84 | Käse © fotofabrika | Schloss © scaliger | Notre Dame © mila103 – alle Fotolia.com

Kapitelmotive

Kapitel 1 © deniskomarov | Kapitel 2 © udovichenko | Kapitel 3 © Picture-Factory | Kapitel 4 © ellagrin | Kapitel 5 © Fyle | Kapitel 6 © 290712 | Kapitel 7 © abcmedia – alle Fotolia.com

Icons in den Spielbeschreibungen

Mik Schulz

Lektorat

Nadja Prinz, Köln

Satz und Layout

Melanie Reich, ideenreich

Druck

AZ Druck und Datentechnik GmbH, Kempten, DE

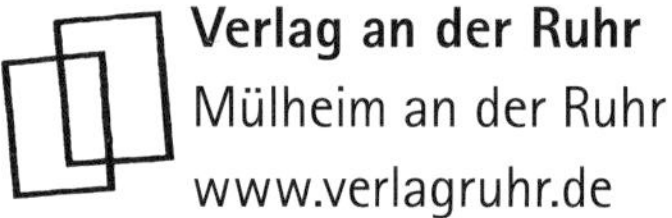

Geeignet für die Klassen 5–13

ISBN 978-3-8346-3815-1

Inhaltsverzeichnis

Vorwort und didaktische Hinweise

Befragt man Schüler* zu ihrem Lieblingsfach, so wird selten das Fach Französisch genannt. Es gilt allgemein als „schweres" Fach, die Grammatik wird als schwierig angesehen, die Aussprache bereitet oft Probleme, die Wörter scheinen sehr fremd und lassen sich nicht so leicht herleiten, wie das beispielsweise im Englischen oft der Fall ist.
Sicherlich hat sich in den vergangenen Jahren in der Sprachdidaktik im Sinne des schülerorientierten und induktiven Lernens sehr viel zum Positiven entwickelt. Und viele Sprachbarrieren lassen sich vor allem durch interessante Themen, induktives Lernen und realitätsnahe Rollenspiele abbauen. Aber dennoch: Grammatik muss geübt, Vokabeln müssen gepaukt und das freie Schreiben und Sprechen muss trainiert werden.

Wir haben die Erfahrung gemacht, dass die Schüler ihre Hemmungen und ihre Unlust eher verlieren, wenn sie beginnen, mit dem Unterrichtsstoff zu spielen. Folglich setzen wir in unserem Unterricht mehr und mehr auf die Möglichkeit des Spielens und schaffen damit ein positives Lerngefühl. So bekommt beispielsweise die Konjugation eines neuen Verbs durch die spielerische Herausforderung eine ganz andere Nuance als das „stupide" Auswendiglernen.
Natürlich gehen wir davon aus, dass nicht in jeder Stunde gespielt werden kann, und der Reiz des Neuen ginge verloren, wenn es zum Alltag würde! Manchmal reichen zehn Minuten am Anfang oder Ende einer Unterrichtsstunde, um die Schüler auf das Lernen einzustimmen und sie für die Sprache zu motivieren.
Alle Spiele in diesem Band sind praxiserprobt und jedes einzelne Spiel hat seinen Sinn und Zweck. Wir haben die Spiele derart konzipiert, dass sie schnell und ohne viel Aufwand in den laufenden Unterricht eingefügt werden können, ob als Energizer, Wiederholungsspiel oder Vorbereitung auf die Klassenarbeit. Die Kopiervorlagen verstehen sich dabei als exemplarisch. Wir haben die Spiele bewusst auch für höhere Stufen entwickelt, denn bekanntlich sinkt hier die Motivation für den Französischunterricht deutlich.
Abschließend noch ein praktischer Hinweis: Um Spielkarten nicht jedes Mal neu kopieren und schneiden zu müssen, empfiehlt es sich, die Karten vor dem Erstgebrauch zu laminieren.

Nun hoffen wir sehr, dass Sie in diesem Buch gute Impulse für Ihren Französischunterricht finden und die Spiele nicht nur Ihren Schülern, sondern auch Ihnen Freude bereiten!

Wir wünschen viel Spaß ...
Jennifer Mockenhaupt und Simone Nettingsmeier

* Aus Gründen der besseren Lesbarkeit haben wir in diesem Buch durchgehend die männliche Form verwendet. Natürlich sind damit auch immer Frauen und Mädchen gemeint, also Lehrerinnen, Schülerinnen etc.

Möglichkeiten der Gruppenbildung

Spiele im Sprachunterricht erhöhen nicht zwingend die Motivation zum Lernen. So sollte auch die Gruppenzusammensetzung stets gut bedacht und abwechslungsreich sein, um Spannung in die Spiel- bzw. Übungssituationen zu bekommen: Das Spielen mit dem besten Freund oder der besten Freundin kann motivieren, aber ein schwächerer Schüler ist vielleicht auch froh, einen leistungsstärkeren Schüler in seiner Gruppe zu haben, der seine Lust am Spielen auf ihn überträgt.
Im Folgenden haben wir einige Beispiele der Gruppenbildung zusammengestellt und deren mögliche Vor- und Nachteile aufgelistet. Entscheiden Sie selbst, welche Gruppenzusammenstellung Sie für das jeweilige Spiel bevorzugen. Bei manchen Spielen geben wir dazu einen Hinweis.

Alphabetische Einteilung

Die Schüler werden nach dem Alphabet eingeteilt. Bei einer Gruppengröße von vier Personen bilden somit die ersten vier Schüler aus der Kursliste eine Gruppe, dann die nächsten vier usw.

Vorteil:
- Die Einteilung geht recht schnell.

Nachteil:
- Die Gruppen sind nicht unbedingt leistungshomogen.
- Es arbeiten möglicherweise Schüler zusammen, die sich nicht mögen.

Einteilung durch optische Trennung

Die Schüler werden in zwei (oder mehr) Gruppen geteilt. Hierfür dient die optische Trennung zweier Klassenhälften oder Gruppentische.

Vorteil:
- Die Einteilung geht schnell.
- Die Schüler spielen (meist) mit gewünschten Partnern zusammen.

Nachteil:
- Die Gruppen sind nicht unbedingt leistungshomogen.
- Bei Gruppentischen: Es spielen die Schüler miteinander, die meist schon im normalen Unterricht Gruppenarbeiten gemeinsam erledigen.

Einteilung nach Geschlecht

Die Schüler werden nach dem Geschlecht eingeteilt. Dies bietet sich natürlich vor allem für Spiele an, bei denen ganz bewusst die Jungen gegen die Mädchen antreten sollen.

Vorteil:
- Die Einteilung geht schnell.
- Die Schüler fühlen sich herausgefordert, da die Geschlechter gern konkurrieren.

Nachteil:
- Da selten eine gleiche Anzahl an Jungen und Mädchen in einem Kurs ist, sind die Gruppen ungleich groß.

Möglichkeiten der Gruppenbildung

Abzählen

Der Lehrer zählt die Schüler je nach Anzahl der Gruppen durch. Benötigt er vier Gruppen, so zählt er immer von 1 bis 4. Statt des Lehrers können auch die Schüler selbst durchzählen, denn dann sind sie aufmerksamer und prägen sich ihre Nummer besser ein.

Vorteil:
- Die Einteilung geht schnell.
- Es entsteht keine Cliquenbildung.

Nachteil:
- Die Gruppen sind nicht unbedingt leistungshomogen.
- Es arbeiten möglicherweise Schüler zusammen, die sich nicht mögen.

Zufallsprinzip

Die Schüler bekommen Karten ausgeteilt. Hierfür kann ein einfaches Skatspiel verwendet werden. Bei 2er-Gruppen teilen Sie z. B. alle vier Damen aus: die zwei roten Damen bilden die eine Gruppe und die zwei schwarzen Damen die andere. Bei 4er-Gruppen bilden entsprechend alle vier Damen eine Gruppe.

Vorteil:
- Die Einteilung geht recht schnell.
- Die Gruppenzusammensetzung variiert von Spiel zu Spiel.

Nachteil:
- Die Gruppen sind nicht unbedingt leistungshomogen.
- Es arbeiten möglicherweise Schüler zusammen, die sich nicht mögen.

Persönliche Wahl

Die Schüler dürfen sich die Gruppenmitglieder selbst aussuchen.

Vorteil:
- Die Schüler arbeiten mit Mitschülern zusammen, die sie gern mögen, die Zusammenarbeit ist deshalb meistens harmonisch.

Nachteil:
- Die Gruppen sind nicht unbedingt leistungshomogen.
- Bei Partnerarbeit: Da die Wahl häufig auf den Sitznachbarn fällt, gibt es je nach Kursgröße kaum Abwechslung zur normalen Partnerarbeit.
- Findet ein Schüler nicht direkt einen Partner, kann ihn das demotivieren.

Möglichkeiten der Gruppenbildung

Fremdwahl

Diese Wahl eignet sich besonders bei großen Gruppen. Der Lehrer wählt den ersten Schüler jeder Gruppe aus. Diese Schüler wählen dann nacheinander die Gruppenmitglieder der anderen Gruppen aus. Beispiel: Johannes aus Gruppe 1 wählt einen Schüler für Anna aus Gruppe 2. Anna wählt wiederum einen Schüler für Tim aus Gruppe 3 usw.

Vorteil:

- Es bietet eine (taktische) Abwechslung zur gängigen Gruppenwahl, bei der Schüler ihre Mitglieder selbst wählen.

Nachteil:

- Die Einteilung geht recht langsam.

Lehrerwahl

Der Lehrer setzt die Gruppen zusammen, um sie z. B. möglichst leistungshomogen oder leistungsheterogen zu gestalten. Die Einteilung kann auf Folie oder über den Beamer präsentiert werden, sodass sich die Schüler sofort umsetzen können. Beim Vorlesen ist es oft schwierig, die Schüler, die schon wissen, mit wem sie arbeiten, ruhig auf ihren Plätzen zu halten.

Vorteil:

- Die Einteilung kann vor der Stunde vorbereitet werden und kostet kaum Zeit im Unterricht.
- Sie haben Einfluss darauf, dass die Gruppen arbeitsfähig sind, indem Sie bei der Einteilung sowohl die Leistung als auch das Verhalten bzw. das Verhältnis der Schüler zueinander berücksichtigen.
- Sie können für Abwechslung sorgen, indem Sie darauf achten, nicht die Sitznachbarn oder besten Freunde in dieselbe Gruppe zu schicken.

Nachteil:

- Es können Schüler zusammenarbeiten, die sich nicht mögen, da auch Sie nicht alles über die Verhältnisse in der Klasse wissen.

Les virelangues

Lehrerhinweise

Spielart: Wettbewerb

Thema: Zungenbrecher

Ziel: die (flüssige) Aussprache üben, Erheiterung (über Fehler lachen lernen)

Lernjahr: ab 3

Dauer: ca. 15 Minuten

Sozialform: Gruppenarbeit

Material: (ausgewählte) Zungenbrecher-Karten (KV auf S. 10 f.)

Beschreibung

Kopieren Sie die Zungenbrecher (KV auf S. 10 f.) einmal pro Gruppe. Schneiden Sie die einzelnen Kärtchen aus und überprüfen Sie die Anwendbarkeit jedes Kärtchens für Ihre Schülergruppe. Jede Gruppe legt die gemischten Karten mit der Rückseite nach oben auf einen Stapel. Der erste Schüler zieht eine Karte, legt sie sichtbar für alle Mitspieler hin und liest den Zungenbrecher möglichst fehlerfrei vor. Liest er den Satz, ohne ins Stottern zu kommen, darf er die Karte behalten. Macht er einen Fehler, mischt er die Karte wieder unter den Stapel. Nun ist der nächste Spieler dran. Gespielt wird, bis der Stapel verbraucht ist (oder nach Zeitvorgabe durch Sie). Wer am Ende die meisten Karten in Händen hält, hat gewonnen.

Hinweise

- Es empfiehlt sich, je nach Altersstufe nur eine begrenzte Anzahl an Zungenbrechern zu verteilen, diese jedoch mehrfach.
- Bevor Sie das Spiel einführen, ist es ratsam, die Ausspracheregeln zu wiederholen.
- Die Wörter des jeweiligen Sprichwortes sollten, zumindest in den niedrigeren Stufen, bekannt sein.
- Da die Schüler im Moment des Spielens ohne Lehrkraft sind, ist es hilfreich, einen leistungsstarken Schüler in jeder Gruppe zu haben, der ein „Ohr" für die Fehler hat.

Varianten

- Zum Kriterium „Fehlerfreiheit" kann ein weiteres Kriterium hinzugenommen werden, z. B. Schnelligkeit oder Merkfähigkeit. Ist die Merkfähigkeit das Kriterium, so gelten folgende Regeln: In der Gruppe wird ein Kärtchen sichtbar für alle umgedreht. Nun haben alle Mitspieler auf ein Zeichen hin 20 Sekunden Zeit, sich das Sprichwort zu merken. Nach Ende dieser Übungszeit beginnt der erste Spieler, das Sprichwort auswendig aufzusagen. Sein rechter Nachbar hat die Karte an sich genommen, um die Richtigkeit zu überprüfen. Hat der aufsagende Spieler seine Merkfähigkeit bewiesen, bekommt er einen Punkt. Danach sind die anderen Spieler an der Reihe. Ist diese erste Runde beendet, beginnt die zweite Runde mit einer neuen Karte. Sieger ist, wer am Ende die meisten Punkte hat.
- Das Spiel eignet sich auch zur Einstimmung in den Französischunterricht: Ein Zungenbrecher wird zu Beginn der Stunde von Ihnen an die Tafel geschrieben oder über den OHP an die Wand projiziert. Dann sprechen Sie ihn einmal laut vor und üben mit allen Schülern im Chor die einzelnen Satzfragmente. Danach nehmen Sie einige Schüler an die Reihe, die den Zungenbrecher jeweils einmal vortragen.
- Es werden zwei Großgruppen gebildet. Ein Schüler aus jeder Gruppe bekommt auf einem Zettel denselben *virelangue* wie die andere Gruppe. Nun sagt er seinem Nachbarn wie bei der bekannten „Stillen Post" den *virelangue* leise auf. Dieser gibt ihn wiederum an seinen Nachbarn weiter. Der letzte aus jeder Gruppe wiederholt das, was er verstanden hat, laut. Die Gruppe, bei der sich der *virelangue* am wenigsten verändert hat, erhält einen Punkt.
- In höheren Stufen können die Schüler auch eigene *virelangues* verfassen, die die Mitschüler möglichst fehlerfrei aufsagen sollen. Die Schwierigkeit lässt sich noch erhöhen, indem Sie für die Zungenbrecher bestimmte Lautfolgen vorgeben, die geübt werden sollen.

Reflexion

- Welcher *virelangue* gefällt euch am meisten? Warum?
- Bei welchem *virelangue* hattet ihr die größten Probleme?
- Welche deutschen Zungenbrecher kennt ihr?

Les virelangues

Kopiervorlage: Zungenbrecher-Karten 1/2

Tout chasseur sachant chasser doit savoir chasser sans son chien.	Pie niche haut, oie niche bas, où niche hibou? Hibou niche ni haut ni bas, hibou niche pas.
Papier, panier, piano, papier, panier, piano ...	clafoutis, clous foutus, clafoutis, clous foutus ...
C'est combien ces six saucisses et ces six saucissons? C'est six sous ces six saucisses et ces six saucissons.	Les chaussettes de l'archi-duchesse, sont-elles sèches ou archi-sèches?
Un pâtissier qui pâtissait chez un tapissier qui tapissait, demanda un jour au tapissier qui tapissait: vaut-il mieux pâtisser chez un tapissier qui tapisse ou tapisser chez un pâtissier qui pâtisse?	As-tu vu le ver vert vers le verre en verre vert?
Au doddo, dudu doudou dort.	C'est pas beau mais tentant de tenter de tâter, de téter les tétons de tata quand tonton n'est pas là.
Ce chat chauve sans charlotte va chez Georges, c'est vache!	C'est trop tard pour le tram trente-trois.
Fruits frais, fruits frits, fruits cuits, fruits crus.	La mouche se mouche sur sa mousse au chocolat.

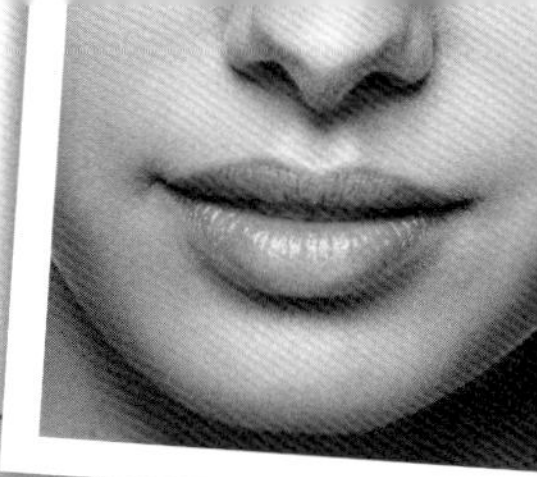

Les virelangues

Kopiervorlage: Zungenbrecher-Karten 2/2

Jambon bleu pas bon, jambon blanc bon, j'en veux! J'ai bon?	Je veux et j'exige d'exquises excuses.
Je suis ce que je suis et si je suis ce que je suis, qu'est-ce que je suis?	«À chacun son choix» se dit sa sœur Sylvie, suivant son chemin.
Mon père est maire, mon frère est masseur.	En haut la banane et en bas l'ananas.
Tu t'entêtes à tout tenter, tu t'uses et tu te tues à tant t'entêter.	Vingt beaux blonds boivent vingt bons vins blancs sur un banc blanc.
As-tu été à Tahiti?	As-tu vu le tutu de tulle de Lili d'Honolulu?
Écartons ton carton car ton carton nous gêne.	Que c'est crevant de voir crever une crevette sur la cravate d'un homme crevé dans une crevasse.
Son chat chante sa chanson.	Douze douches douces.

Bien lire

Lehrerhinweise

Spielart:	Wettbewerb	**Dauer:**	ca. 15 Minuten
Thema:	lautes Lesen	**Sozialform:**	alle zusammen
Ziel:	fehlerfrei und flüssig lesen	**Material:**	beliebiger Text (aus dem Lehrbuch) mit mindestens so vielen Sätzen, wie Schüler in der Klasse sind
Lernjahr:	ab 1		

Beschreibung

Alle Schüler stehen an ihrem Platz und haben den Lehrbuchtext vor sich. Nun wird reihum gelesen. Jeder Schüler liest nur einen Satz (egal wie kurz oder lang dieser ist). Macht ein Schüler einen Fehler, setzt er sich hin. Auch wenn ein Schüler aufgrund von Unachtsamkeit nicht weiß, wo er weiterlesen soll, setzt er sich hin. In diesem Fall macht sein Nachbar mit dem betreffenden Satz weiter.
Gewonnen hat der Schüler, der am Ende noch steht (oder je nach Zeit: die Schüler, die noch stehen).

Hinweise

- Dieses Spiel eignet sich besonders nach Einführung eines neuen Textes oder nach der vorbereitenden Hausaufgabe, bei der die Schüler üben sollen, den Text laut zu lesen.
- Der Vorteil des „Ein-Satz-Lesens" ist, dass in der Regel jeder Schüler mindestens einmal an die Reihe kommt und somit jeder Schüler aufmerksam bleiben muss. Ein Nachteil ist natürlich, dass die Schüler hier nicht das zusammenhängende Lesen üben (s. dazu unten bei den Varianten).
- In niedrigeren Stufen empfiehlt es sich, einen bekannten Text zu nehmen, in höheren Stufen können durchaus auch unbekannte Texte (zum Unterrichtsthema) eingesetzt werden.

Varianten

- Anstatt nur auf die Korrektheit des Lesens zu achten, könnte auch die Intonation eine Rolle spielen. Sie sollten auf jeden Fall zu Beginn des Spiels klar erläutern, welche Kriterien beurteilt werden.
- In kleineren Lerngruppen können auch längere Passagen (zwei bis drei Sätze je Schüler) gelesen werden.

Reflexion

Bestimmte Fehlerfallen (z. B. die *liaison* bei *les‿amis*) oder wiederkehrende Fehler können im Anschluss noch einmal an der Tafel gemeinsam besprochen werden.

Par cœur

Lehrerhinweise

Spielart: Regelspiel
Thema: Verbkonjugation
Ziel: Verbkonjugation festigen
Lernjahr: ab 1

Dauer: ca. 10 Minuten
Sozialform: alle zusammen
Material: –

Beschreibung

Schreiben Sie die Konjugation eines Verbs im *présent* an die Tafel. Zur besseren Übersicht stehen die einzelnen Personalpronomen mit der entsprechenden Verbform untereinander. Beispiel:

faire	
je	*fais*
tu	*fais*
il/elle/on	*fait*
nous	*faisons*
vous	*faites*
ils/elles	*font*

Nun wird die Konjugation 2- bis 3-mal von den Schülern im Chor nachgesprochen. Korrigieren Sie eventuelle Fehler. Danach wischen Sie eine der Verbformen weg, lassen aber das Personalpronomen stehen. Nehmen Sie dann einen Schüler dran, der das Verb durchkonjugieren soll. Wenn Sie merken, dass der Schüler Schwierigkeiten mit der Aussprache oder Formbildung hat, korrigieren Sie ihn. Nun wischen Sie eine weitere Verbform weg, sodass nur noch vier durchkonjugierte Formen zu sehen sind, und fordern einen anderen Schüler auf, das Verb zu konjugieren. So wird weiterverfahren, bis nur noch die Personalpronomen an der Tafel stehen.

Hinweise

- Dieses Spiel eignet sich insbesondere zur Einführung neuer Verben, vor allem der unregelmäßigen Verben.
- Das chorische Nachsprechen aller Schüler zu Beginn verringert die Hemmschwelle, die Verbkonjugation laut vorzutragen. Wurde einmal eine Verbform weggewischt, sinkt die Hemmschwelle der meisten Schüler, da sie das „Abfragen" des Verbs nicht als Lernsituation, sondern als Spiel auffassen. Das Spiel hat somit einen hohen Aufforderungscharakter und lässt alle gemeinsam üben. Denn selbst wenn nur ein Schüler das Verb laut konjugiert, so werden doch die meisten Schüler „innerlich mitkonjugieren".

Par cœur

Lehrerhinweise

Varianten

- Ist das Verfahren des Spiels den Schülern bereits bekannt, können sie es auch ohne die Lehrkraft durchführen: Ein Schüler deckt mithilfe von Buntstiften die Verbformen in seinem Heft nacheinander ab. Er oder sein Sitznachbar konjugiert wie oben beschrieben. Diese Variante fördert spielerisch das selbstständige Lernen bzw. Wiederholen.
- Die Verben können erweitert werden, indem kleine Sätze an der Tafel formuliert werden, z. B. *je fais mes devoirs, tu fais tes devoirs.* Dabei können Sie entscheiden, ob Sie das Verb oder, wie in diesem Beispiel, das Possessivpronomen wegwischen.
- Nachdem die Verben eingeübt wurden, können die Schüler aufgefordert werden, Sätze zu bilden. Dabei würfelt ein Schüler und bildet mit der entsprechenden Augenzahl (= Personalpronomen) einen Satz.

Reflexion

- Welche Formen des Verbs sind besonders leicht zu merken. Warum?
- Welche Formen des Verbs sind eher schwierig. Warum?

- Es können Parallelen zu anderen Verben gezogen werden, z. B.: Welche anderen Verben enden wie *font*? (→ *sont/vont/ont*)
  Oder: Welches Verb hat ähnliche Besonderheiten wie das Verb *faire*? (→ *dire*)
- Es können häufige Unregelmäßigkeiten und Auswirkungen der Aussprache auf die Orthografie besprochen werden, z. B.: Warum wird bei den Verben *manger* und *ranger* in der ersten Person Plural ein e hinzugefügt?
  Oder: Warum steht bei dem Verb *commencer* in der ersten Person Plural ein „ç" statt „c"?

Hier, aujourd'hui et demain

Lehrerhinweise

Spielart: Kommunikationsspiel

Thema: über Aktivitäten von gestern, heute und morgen sprechen

Ziel: die Verbformen in den verschiedenen Zeiten üben

Lernjahr: ab 1

Dauer: 10–15 Minuten

Sozialform: Partnerarbeit, alle zusammen

Material: Aktivitätskarten (KV auf S. 17 f.)

Beschreibung

Kopieren Sie vorab die Aktivitätskarten (KV auf S. 17 f.). Wählen Sie für jeden zweiten Schüler, also die Hälfte der Klasse, je eine Karte aus. Schreiben Sie vor Beginn des Spiels folgende Leitfrage an die Tafel: *Qu'est-ce que tu as fait hier?* bzw. *Qu'est-ce que tu fais aujourd'hui?* bzw. *Qu'est-ce que tu vas faire demain?* Teilen Sie nun an jeden zweiten Schüler eine Aktivitätskarte aus.

Die Schüler ohne Karte werden aufgefordert, einen Mitschüler mit Karte zu dessen (heutiger, gestriger, morgiger) Aktivität zu interviewen. Es soll jedes Mal die Frage „*Qu'est-ce que tu fais aujourd'hui?/Qu'est-ce que tu as fait hier?/Qu'est-ce que tu vas faire demain?*" gestellt werden. Der Schüler mit Karte antwortet gemäß der Aktivität auf seiner Karte (*Hier, je suis allé au cinéma.*). Danach wird die Karte an den Schüler ohne Karte abgegeben. Beide Schüler suchen sich einen neuen Gesprächspartner, wobei die Rollen nun getauscht werden. Nach Ende der „Gespräche" werden einige Schüler aufgefordert, ihre Aktivitäten vor der ganzen Klasse mit Satzverbindungselementen, wie *d'abord, ensuite, puis, après, finalement, à la fin*, vorzutragen. Mögliche Fehler, wie „*Après, j'ai allé au cinéma*", können auf diese Weise gespiegelt und korrigiert werden.

Hinweise

- Die Verbkarten mit den Bildern können v. a. dem visuellen Lerner das Behalten der einzelnen Aktivitäten erleichtern.
- Wird das Spiel zum ersten Mal gespielt, empfiehlt es sich, insbesondere für die leistungsschwächeren Schüler, im Vorfeld die Bildung des *passé composé* und des *futur composé* an der Tafel zu wiederholen (und den Tafelanschrieb ggf. während des Spiels sichtbar zu lassen).

Hier, aujourd'hui et demain

Lehrerhinweise

Varianten

- Statt jedes Mal nur die Aktivität zu nennen, die der Schüler in der Hand hält, kann er auch – im Sinne einer Konzentrationsübung wie bei „Ich packe meinen Koffer" – alle vorher genannten Verben aufzählen, die er schon bei den anderen Gesprächspartnern genannt hat. Dazu sollte er auf die verschiedenen Satzverbindungselemente, wie *d'abord, ensuite, puis, après, finalement, à la fin,* zurückgreifen. Ob die Reihenfolge seiner Aktivitäten dann noch sinnvoll erscheint, ist hier zweitrangig.
- Die Schüler fragen und antworten nicht bloß in einer Zeitform, sondern variieren diese, wie sie möchten. Der Schüler, der die Frage stellt, gibt dabei jeweils die Zeitform vor.
- Als Einstiegsspiel können die Karten auf eine schriftliche Aktivität vorbereiten. Nachdem die Schüler sich mündlich ausgetauscht haben, schreiben sie mithilfe ihrer Verben einen kleinen Text. Im Anschluss können die Texte untereinander ausgetauscht und auf Fehler überprüft werden.

Reflexion

- Wie wird das *passé composé* gebildet? Und wie das *futur composé*?
- Welche Verben werden im *passé composé* mit *être* gebildet und welche mit *avoir*?
- Wann sagt man *jouer à* und wann sagt man *jouer de*?
- Was müsst ihr bei den reflexiven Verben im *passé composé* beachten?
- Wann wird nach *aller* die Präposition *à* und wann wird *chez* benutzt?

Wird, wie in der Variante beschrieben, ein eigener Text verfasst:

- Welche typischen Fehler habt ihr gefunden?
- Worin besteht der Unterschied beim Aussprechen und Schreiben der Verben? (→ man hört den *accord* nicht)
- Hat dein Mitschüler Satzverbindungen benutzt?

Hier, aujourd'hui et demain

Kopiervorlage: Aktivitätskarten 1/2

© Norbert Höveler aller/cinéma	© Norbert Höveler travailler/maison	© Norbert Höveler ranger/chambre	© Norbert Höveler téléphoner/ copain/copine
© Norbert Höveler acheter/tickets	© Norbert Höveler manger/cantine	© Norbert Höveler rencontrer/amis	© Norbert Höveler faire/devoirs
© Norbert Höveler chatter/internet	© Norbert Höveler lire/livre	© Norbert Höveler se promener/parc	© Norbert Höveler se doucher/ le matin
© Norbert Höveler faire/tour en ville	© Norbert Höveler prendre/photos	© Norbert Höveler jouer/(sport)	© Norbert Höveler écrire/message/ cousin(e)

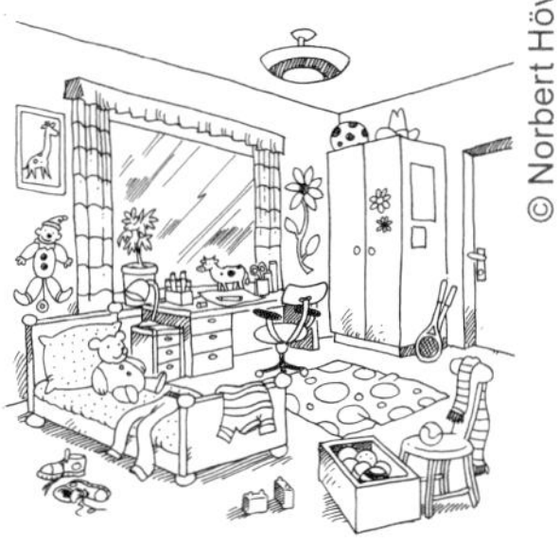

Hier, aujourd'hui et demain

Kopiervorlage: Aktivitätskarten 2/2

jouer/instrument	aider/mère	réviser/vocabulaire	sortir/gare
monter/ la Tour Eiffel	chercher/portable	descendre/bus	rentrer/maison
sortir/ chien des voisins	écouter/musique	se renseigner/ office de tourisme/ excursion en classe	se disputer/frère
garder/enfant des voisins/20 heures	distribuer/journaux	laver/voiture	colorer/cheveux

© Verlag an der Ruhr | Autoren: Jennifer Mockenhaupt, Simone Nettingsmeier | ISBN 978-3-8346-3815-1
www.verlagruhr.de | Kapitelmotiv © udovichenko / Fotolia.com

Concours des verbes

Lehrerhinweise

Spielart: Wettbewerb
Thema: Verben und Zeiten
Ziel: die Verbkonjugationen in den verschiedenen Zeiten üben

Lernjahr: ab 4
Dauer: 15–30 Minuten
Sozialform: Gruppenarbeit, alle zusammen
Material: Verbkarten (KV auf S. 21)

Beschreibung

Kopieren Sie vorab die Verbkarten (KV auf S. 21), auf denen je ein Infinitiv und ein Personalpronomen notiert ist, und legen Sie sie dann im Unterricht als Stapel verdeckt auf den Tisch. Die Schüler treten zur Wiederholung und Festigung der Zeiten in Teams gegeneinander an.
Je nach Anzahl der Zeiten, die Sie verwenden möchten, variieren die Gruppengrößen: Sollen die Verben in die fünf Zeiten *présent, passé composé, imparfait, futur simple* und *conditionnel présent* gesetzt werden, bilden die Schüler 5er-Gruppen, in denen jeder Schüler für eine der fünf Zeiten zuständig ist.
Lassen Sie nun die erste Gruppe eine Verbkarte vom Stapel ziehen, z. B. *aller, nous*. Jeder Schüler dieser ersten Gruppe setzt daraufhin das angegebene Verb mündlich in die ihm zugeordnete Zeit, im Beispiel: Schüler 1: *nous allons,* Schüler 2: *nous sommes allé(e)s*, Schüler 3: *nous allions* usw. Jede richtige Form bringt einen Punkt für die Gruppe. Da der *accord* beim *passé composé* nicht hörbar ist, wird er hier nicht berücksichtigt. Dann zieht die nächste Gruppe ein Verb und geht genauso vor. Nach einer gewissen Zeit tauschen die Schüler ihre Zeiten, sodass Schüler 1 jetzt nicht mehr für das *présent* zuständig ist, sondern für das *passé composé*, Schüler 2 für das *imparfait* usw. Das kann nach jeder Runde geschehen oder Sie belassen die Zuständigkeit zwei oder drei Runden lang, damit sich die Schüler an ihre Zeit „gewöhnen" können und nach einem Fehler eine weitere Chance bekommen. Am Ende gewinnt die Gruppe mit den meisten Punkten.

Hinweise

- Es empfiehlt sich besonders bei den ersten Einsätzen des Spiels, die Verbgruppen einzuschränken, um die Schüler nicht zu überfordern. So kann zunächst nur mit einigen unregelmäßigen Verben gespielt werden. Sortieren Sie hierfür die übrigen Karten aus. Beim nächsten Mal werden dann weitere unregelmäßige und die Verben auf *-ir* hinzugenommen, danach erst Verben der Bewegung (bzw. Hausverben) und reflexive Verben, bei denen die Bildung des *passé composé* eine Schwierigkeit darstellt.

Concours des verbes

Lehrerhinweise

- Viele der vorgegebenen Verben ändern ihre Form (*il peut*, aber *nous pouvons*). Daher können sich die Verben auch wiederholen, ohne dass dadurch das Spiel vereinfacht wird, die Personalpronomen sollten aber variieren. Die KV enthält bereits einige Doppelungen. Sie können die Anzahl der verwendeten unterschiedlichen Verben selbst reduzieren, indem Sie Verben streichen und sie durch schon im Spiel vorhandene Verben mit einem anderen Personalpronomen ersetzen, wie es auf den ersten Karten gemacht wurde.
- Entscheiden Sie, ob es für die Antwort des Schülers ein Zeitlimit geben soll.
- Es muss nicht zwingend jeder Schüler einmal für jede Zeit verantwortlich gewesen sein.
- Im Anschluss kann jeder Schüler für sich aufschreiben, wo er die größten Probleme hatte, und daraus einen individuellen Lernauftrag ableiten.

Varianten

- Die Zuständigkeit für eine bestimme Zeit ändert sich während des Spiels nicht (bei leistungsschwachen Gruppen).
- Jeder Schüler ist für mehrere Zeiten zuständig (bei kleinen Gruppen).
- Jeder Schüler der Gruppe erfährt erst kurz vor oder nach dem Ziehen der Karte, für welche Zeit er zuständig ist. Mit Zeitlimit für die Antwort erfordert das mehr Spontaneität.

Reflexion

- Haben euch bestimmte Verben Probleme bereitet? Welche?
- Haben euch bestimmte Zeiten Probleme bereitet? Welche?
- Welche Zeit fiel euch besonders leicht?

Concours des verbes

Kopiervorlage: Verbkarten

être je	avoir tu	aller il	faire elle
être elles	avoir ils	aller nous	faire vous
prendre je	vouloir tu	pouvoir il	savoir elle
prendre elles	vouloir ils	pouvoir nous	savoir vous
mettre je	devoir tu	voir il	dire elle
mettre elles	devoir ils	voir nous	dire vous
courir je	boire tu	comprendre il	descendre elle
conduire nous	boire vous	apprendre nous	attendre vous
connaître je	choisir tu	ouvrir il	croire elle
connaître nous	choisir ils	offrir nous	plaire vous
se dépêcher elles	recevoir ils	venir il	vivre vous
arriver je	rester tu	écrire tu	partir il
s'habiller elle	se lever je	se perdre vous	se laver nous

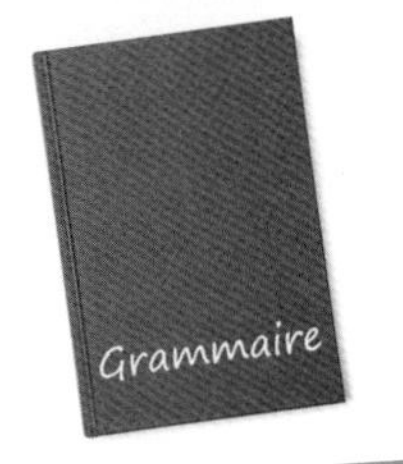

Le champion des pronoms

Lehrerhinweise

Spielart:	Wettbewerb	**Lernjahr:**	ab 3
Thema:	direkte und indirekte Objektpronomen	**Dauer:**	ca. 25 Minuten
Ziel:	direkte und indirekte Objektpronomen unterscheiden, erkennen und richtig anwenden	**Sozialform:**	Partnerarbeit
		Material:	Spielanleitung (KV auf S. 24), Arbeitsblatt A (KV auf S. 25), Arbeitsblatt B (KV auf S. 26), Lösungsblatt (KV auf S. 27)

Beschreibung

Kopieren Sie für jedes Schülerpaar einmal die Spielanleitung (KV auf S. 24) – je nach Lernstand auf Französisch oder Deutsch –, je einmal das Arbeitsblatt A und B (KV auf S. 25 und S. 26) sowie einmal das Lösungsblatt (KV auf S. 27), das Sie anschließend an der Markierung auseinanderschneiden.

Die zwei Schüler spielen gegeneinander, wobei ein Schüler das Arbeitsblatt A und der andere das Arbeitsblatt B erhält. Die Lösungsblätter legen die Schüler verdeckt auf den Tisch. Jeder trägt seine Antwort in die erste Spalte auf seinem Arbeitsblatt ein. Die Aufgaben sind vier verschiedenen Niveaus zugeordnet, dabei ist 1 eher leicht und 4 besonders schwer. Im Anschluss an jedes Niveau kontrollieren die Schüler gemeinsam ihre Lösungen, indem sie mit der Musterlösung vergleichen: Hat der Schüler Niveau 1 bearbeitet und kontrolliert, faltet er sein Arbeitsblatt unterhalb entlang der gepunkteten Linie und klappt Niveau 1 nach hinten. Dann bearbeitet er die Aufgaben von Niveau 2, die nach der Kontrolle des Aufgabenblocks auch wieder umgeklappt werden, sodass die bereits kontrollierten Niveaus nicht sichtbar sind, usw. Für jede richtige Antwort bekommt der Schüler einen Punkt, sodass am Ende ein Sieger feststeht, der *le champion des pronoms* ist. Wer schummelt und versucht, bei vorherigen Aufgaben abzuschreiben, bekommt Minus-Punkte. Sie können anschließend den *champion* jedes Schülerpaares und/oder den *champion* der ganzen Klasse küren.

Damit die Schüler auch im Nachhinein aus ihren Fehlern lernen können, sollen sie auf ihrem Arbeitsblatt richtige und falsche Antworten deutlich markieren und am Ende des Wettkampfs die zweite Spalte nutzen, um die richtigen Lösungen noch einmal ordentlich aufzuschreiben. Das Blatt wird dann abgeheftet oder ins Heft geklebt.

Le champion des pronoms

Hinweise

- Wenn die Schüler später eigene Texte schreiben, können sie ihr Aufgabenblatt mit den eingetragenen Lösungen zu Hilfe nehmen, um die Objektpronomen noch einmal präsent zu haben.
- Wenn jedes Paar den *champion des pronoms* ermittelt, sorgen Sie für ein regelkonformes Arbeiten, da jeder selbst der *champion* werden möchte und daher darauf achtet, dass der Partner nicht schummelt. Geht es nur um den Sieger der gesamten Klasse, könnten einzelne Paare gemeinsame Sache machen und versuchen, sich den Titel zu erschummeln.
- Die unmittelbare Kontrolle der Aufgaben zu jedem einzelnen Niveau soll dazu dienen, besser auf die folgenden Aufgaben vorbereitet zu sein.
- Das Umklappen der bearbeiteten und kontrollierten Aufgabenblöcke sorgt dafür, dass die Schüler mit mehr Konzentration bei der konkreten Aufgabe bleiben.

Variante

Statt der Partnerarbeit können Sie die Klasse in 4er-Gruppen einteilen und immer zwei Schülerpaare gegeneinander spielen lassen.

Reflexion

- Wo habt ihr Fehler gemacht (Erkennen des Objekts im Satz, Satzstellung, Wahl des richtigen Pronomens, Rechtschreibung …)?
- Warum sind die Objektpronomen ein besonders kniffeliges Thema?
- Wie könnt ihr herausfinden, welches Objekt im Satz direkt und welches indirekt ist?
- Wie könnt ihr die Objektpronomen *lui, le* oder *la* von anderen Wörtern unterscheiden, die genauso geschrieben werden (z. B. die bestimmten Artikel *le* und *la* oder das unverbundene Personalpronomen *lui* (s. Aufgabe 4: *avec lui*)?
- Wie könnt ihr euch die Satzstellung merken?
- Was kann euch helfen, daran zu denken, Objektpronomen zu verwenden?

Le champion des pronoms

Kopiervorlage: Spielanleitung

Travaille avec un partenaire. Il y a des exercices des niveaux différents sur deux feuilles – une feuille pour chaque élève. Travaillez toujours sur le même niveau:

1) Faites le niveau n° 1 (chacun sur sa feuille).
2) Contrôlez vos réponses ensemble:
   chaque réponse correcte = 1 point
3) Cachez les exercices du premier niveau en pliant* la feuille.
4) Faites les exercices du niveau n° 2 (chacun sur sa feuille) etc.

Kopiervorlage: Spielanleitung

Arbeite mit einem Partner. Jeder bekommt ein Arbeitsblatt mit Aufgaben auf verschiedenen Niveaus. Arbeitet immer gleichzeitig am selben Niveau.

1) Bearbeitet Niveau 1 (jeder auf seinem Aufgabenblatt).
2) Kontrolliert eure Lösungen gemeinsam:
   jede richtige Antwort = 1 Punkt
3) Klappt eure Antworten von Niveau 1 nach hinten um, sodass man sie nicht mehr sieht.
4) Bearbeitet dann Niveau 2 (wieder jeder auf seinem Aufgabenblatt) usw.

Le champion des pronoms

Grammaire

Kopiervorlage: Arbeitsblatt A

Partenaire A

Niveau 1 (6 points)	
1) Note les pronoms d'objet direct.	**Corrigé:** (Écris des phrases entières.)
Niveau 2 (3 points)	
2) Souligne l'objet direct: Aujourd'hui, le prof de français apprend les pronoms aux élèves.	
3) Souligne l'objet indirect: Antoine demande au prof de répéter les pronoms.	
4) Souligne le pronom d'objet indirect: Le prof lui dit que Chloé peut travailler avec lui pour répéter les pronoms.	
Niveau 3 (4 points) – Remplace l'expression soulignée par le pronom d'objet qui convient.	
5) Aujourd'hui, le prof de français apprend les pronoms <u>aux élèves</u>.	
6) Je montre <u>une photo</u> <u>à Pierre</u>.	
7) Antoine demande au prof de répéter <u>les pronoms</u>.	
Niveau 4 (5 points)	
8) Mets le pronom d'objet qui convient: *Anne:* Chloé, tu peux traduire la phrase? Je ne .... comprends pas. *Chloé:* Désolée, je parle avec Antoine, parce que je .... aide. Mais regarde, Paul a fini, il peut .... aider. *Anne:* D'accord, je vais .... demander. *Paul:* Chut, les filles! Le prof .... regarde!	

Le champion des pronoms

Kopiervorlage: Arbeitsblatt B

Partenaire B

Niveau 1 (6 points)	
1) Note les pronoms d'objet indirect.	**Corrigé:** (Écris des phrases entières.)
Niveau 2 (3 points)	
2) Souligne l'objet indirect: Aujourd'hui, le prof de français apprend les pronoms aux élèves.	
3) Souligne l'objet direct: Antoine demande au prof de répéter les pronoms.	
4) Souligne le pronom d'objet indirect: Pierre n'écoute pas. Il regarde Chloé. Chloé ne parle pas avec lui mais elle lui plaît quand-même.	
Niveau 3 (4 points) – Remplace l'expression soulignée par le pronom d'objet qui convient.	
5) Antoine demande <u>à Tom et Pierre</u> de répéter les pronoms.	
6) Pierre donne <u>une lettre</u> <u>à Chloé</u>.	
7) Je note la règle pour préparer <u>mes devoirs</u>.	
Niveau 4 (5 points)	
8) Mets le pronom d'objet qui convient: *Anne:* Chloé, regarde mon exercice. Je ne .... comprends pas. *Chloé:* Désolée, je lis une lettre de Pierre. Je veux .... répondre. Mais attends, je peux .... aider après l'école. *Anne:* D'accord, tu veux .... montrer ta lettre? ... Ah non, le prof .... regarde!	

Grammaire

Le champion des pronoms

Kopiervorlage: Lösungsblatt A

Niveau 1
1) me [1point], te [1p.], le/la (l') [1p.], nous [1p.], vous [1p.], les [1p.]
Niveau 2
2) Aujourd'hui, le prof de français apprend les pronoms aux élèves. [1p.]
3) Antoine demande au prof de répéter les pronoms. [1p.]
4) Le prof lui dit que Chloé peut travailler avec lui pour répéter les pronoms. [1p.]
Niveau 3
5) → Aujourd'hui, le prof de français **leur** apprend les pronoms. [1p.]
6) → Je **la lui** montre. [2p.]
7) → Antoine demande au prof de **les** répéter. [1p.]
Niveau 4
8) *Anne:* Chloé, tu peux traduire la phrase? Je ne **la** comprends pas. [1p.] *Chloé:* Désolée, je parle avec Antoine, parce que je **l'**aide. Mais regarde, Paul a fini, il peut **t'**aider. [2p.] *Anne:* D'accord, je vais **lui** demander. [1p.] *Paul:* Chut les filles, le prof **vous** regarde! [1p.]

Kopiervorlage: Lösungsblatt B

Niveau 1
1) me [1point], te [1p.], lui [1p.], nous [1p.], vous [1p.], leur [1p.]
Niveau 2
2) Aujourd'hui, le prof de français apprend les pronoms aux élèves. [1p.]
3) Antoine demande à Tom et Pierre de répéter les pronoms. [1p.]
4) Pierre n'écoute pas. Il regarde Chloé. Chloé ne parle pas avec lui mais elle lui plaît quand-même. [1p.]
Niveau 3
5) → Antoine **leur** demande de répéter les pronoms. [1p.]
6) → Pierre la **lui** donne. [2p.]
7) → Je note la règle pour **les** préparer. [1p.]
Niveau 4
8) *Anne:* Chloé, regarde mon exercice. Je ne **le** comprends pas. [1p.] *Chloé:* Désolée, je lis une lettre de Pierre. Je veux **lui** répondre. Mais attends, je peux **t'**aider après l'école. [2p.] *Anne:* D'accord, tu veux **me** montrer ta lettre? ... Ah non, le prof **nous/me/te** regarde! [2p.]

La bataille navale

Lehrerhinweise

Spielart:	Ratespiel	**Dauer:**	15 Minuten
Thema:	beliebig, hier: Adjektive	**Sozialform:**	Partnerarbeit
Ziel:	die Stellung und den *accord* der Adjektive üben und wiederholen	**Material:**	Spielfelder Adjektive (KV auf S. 29) oder Spielfelder blanko (KV auf S. 30)
Lernjahr:	2–3		

Beschreibung

Wählen Sie eine der beiden Spieloptionen und kopieren Sie das entsprechende Spielfeld (KV auf S. 29 oder KV auf S. 30) einmal für jeden Schüler. Wenn Sie sich für die Blanko-Spielfelder entschieden haben, tragen Sie entweder vorab selbst die gewünschten Kategorien ein oder geben diese vorbereitende Aufgabe an die Schüler weiter.
Gespielt wird wie beim bekannten „Schiffe versenken". Jeder Schüler hat vier Schiffe zur Verfügung: Schiff 1 ist zwei Felder lang, Schiff 2 drei, Schiff 3 vier und Schiff 4 fünf Felder. Diese Schiffe zeichnet jeder Spieler in das untere Spielfeld (sein Meer) ein. Hat jeder seine Schiffe „versteckt", beginnt das Spiel, bei dem die Schüler versuchen, die Schiffe des Partners zu finden und zu versenken. Der erste Spieler wählt ein Feld aus und bildet den zum Feld passenden Ausdruck aus Adjektiv und Nomen, z. B. *une nouvelle histoire* oder *un jeu intéressant*. Zu beachten ist hier nicht nur die Stellung des Adjektivs, sondern auch der *accord* (sofern er hörbar ist). Liegt auf diesem Feld ein Schiff, sagt der Partner „*Touché!*", und der Spieler ist noch einmal an der Reihe. Wurden alle Felder eines Schiffes erraten, sagt der Partner „*Coulé!*". Auch dann ist der Spieler noch einmal dran. Nennt er ein Feld, auf dem kein Schiff liegt, sagt der Partner „*Raté!*" und ist nun seinerseits an der Reihe. Treffer oder Fehlversuche bei gegnerischen Schiffen werden als Gedächtnisstütze auf dem oberen Spielfeld eingetragen. Wer als erster alle Schiffe des Partners versenkt hat, gewinnt.

Hinweise

- Weisen Sie die Schüler darauf hin, dass sie auf die richtige Aussprache achten müssen, da der Partner sonst nicht antworten muss und selbst an der Reihe ist.
- Die Schüler sollen das untere Feld für ihre eigenen Schiffe verwenden, da dieses einfacher abzudecken ist.

Variante

Das Spiel eignet sich auch gut zur Wiederholung und Festigung von Verbkonjugationen in allen Zeiten bzw. Modi. Schreiben Sie die Personalpronomen in die sechs Spalten und verschiedene Verben in die Zeilen. Wählen Sie dann z. B. den *subjonctif*. Nun müssen die Schüler das angegebene Verb mit der entsprechenden Personalform in den *subjonctif* setzen.

La bataille navale

Kopiervorlage: Spielfelder Adjektive

Tu as 4 bateaux: un de 2 cases, un de 3 cases, un de 4 cases et un de 5 cases.
Cache-les dans la grille (ta mer) en bas de la page et puis, cherche les bateaux de ton partenaire.

Si ton partenaire demande une case sans bateau, dis: *raté*.
Si ton partenaire trouve une case avec un de tes bateaux, dis: *touché*.
Si ton partenaire trouve la dernière case d'un de tes bateaux, dis: *coulé*.
Note les essais dans la mer de ton partenaire (X = touché, 0 = raté).
L'élève qui a trouvé tous les bateaux de l'autre gagne.

La mer de ton partenaire

	un jeu	une histoire	des films	des affiches	un ballon	une BD
intéressant						
nouveau						
joli						
bon						
difficile						
grand						
cher						

Ta mer

	un jeu	une histoire	des films	des affiches	un ballon	une BD
intéressant						
nouveau						
joli						
bon						
difficile						
grand						
cher						

La bataille navale

Kopiervorlage: Spielfelder blanko

Tu as 4 bateaux: un de 2 cases, un de 3 cases, un de 4 cases et un de 5 cases. Cache-les dans la grille (ta mer) en bas de la page et puis, cherche les bateaux de ton partenaire.

Si ton partenaire demande une case sans bateau, dis: *raté*.
Si ton partenaire trouve une case avec un de tes bateaux, dis: *touché*.
Si ton partenaire trouve la dernière case d'un de tes bateaux, dis: *coulé*.
Note les essais dans la mer de ton partenaire (X = touché, 0 = raté).
L'élève qui a trouvé tous les bateaux de l'autre gagne.

La mer de ton partenaire

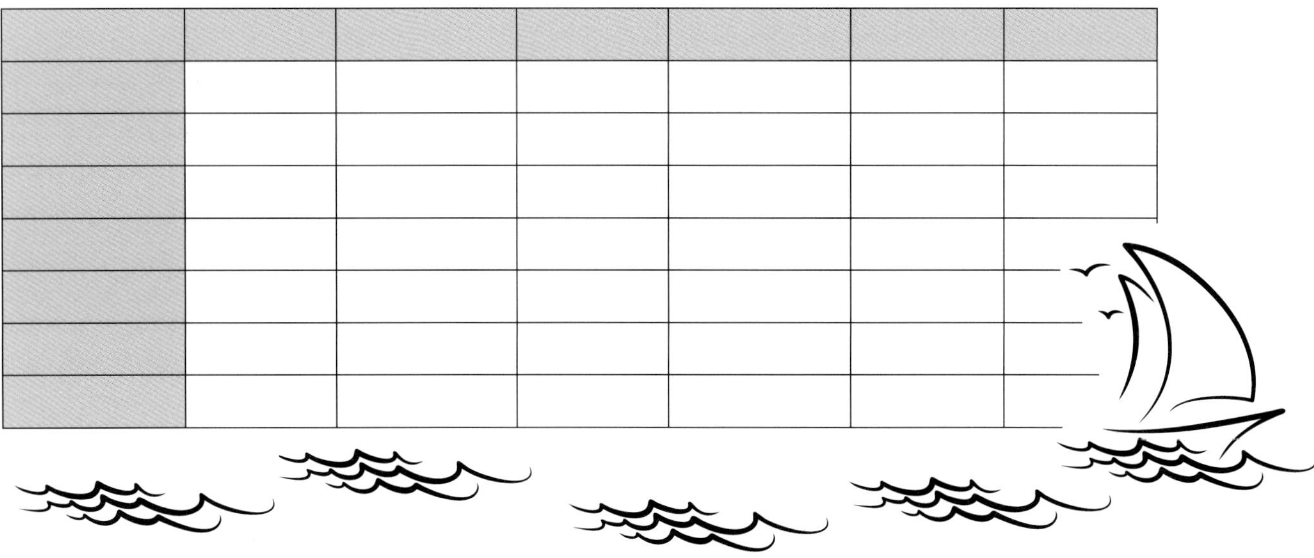

Ta mer

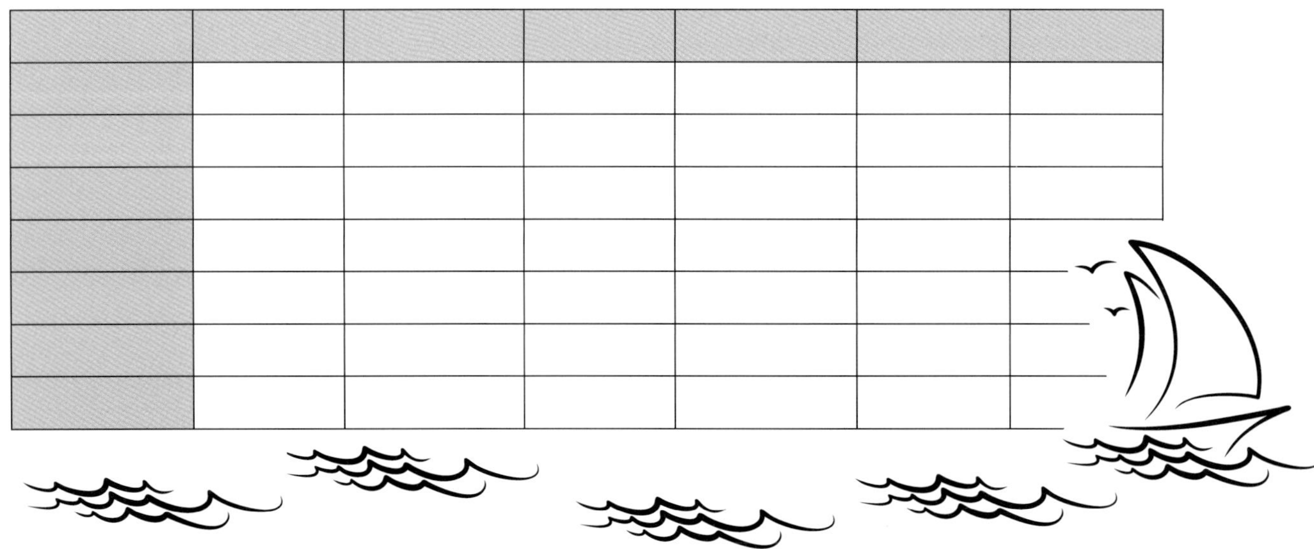

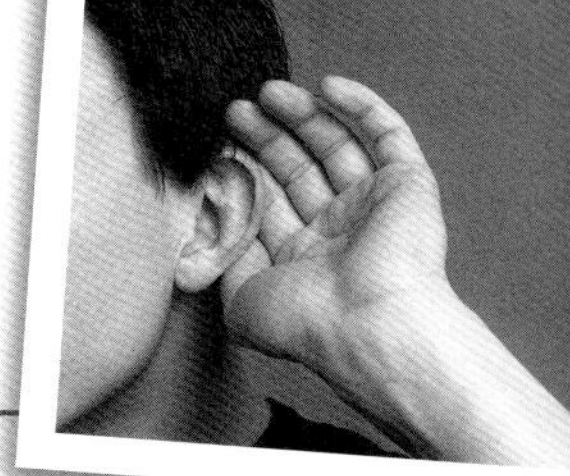

Le roi/La reine des chiffres

Lehrerhinweise

Spielart: Wettbewerb
Thema: Zahlen
Ziel: Zahlen bis 10 000 festigen/ Hörverstehen verbessern

Lernjahr: ab 2
Dauer: 15–20 Minuten
Sozialform: alle zusammen
Material: –

Beschreibung

Es werden zwei Schüler ausgewählt, von denen der eine sich an die linke und der andere an die rechte Tafelaußenseite stellt. Alle anderen Schüler schreiben in ihr Heft. Nennen Sie langsam vier verschiedene Zahlen auf Französisch, die die Schüler in Ziffern an die Tafel bzw. ins Heft schreiben. Anschließend werden die Tafelseiten eingeklappt, um die Zahlen zu überprüfen und ggf. zu korrigieren. Jeder Schüler vergleicht mit seinen Zahlen im Heft. Wer alle Zahlen richtig notiert hat, erhält einen Punkt, den er sich entweder selbst erteilt oder von seinem Sitznachbarn vermerkt bekommt. Nun können zwei neue Schüler für die Tafel ausgesucht werden und das Spiel beginnt von vorn.
Am Ende kann *le roi/la reine des chiffres* gekürt werden.

Hinweis

Dieses Spiel eignet sich gut als Überprüfung der Hausaufgabe zum Thema Zahlen oder aber als überraschender „Ersatztest" für einen angekündigten Vokabeltest der Zahlen. Die Notengebung wird hierbei – zugunsten der Motivation und des hohen Lerneffektes – hinfällig.

Variante

Anstelle des Lehrers können die sitzenden Schüler die Zahlen auf Französisch nennen. Als Hilfestellung bietet sich die in jedem Französischbuch zu findende Zahlenseite an. Es gehen zwei Schüler an die Tafel und schreiben die genannten Zahlen an. Nach ca. vier Zahlen und deren Überprüfung gehen zwei neue Schüler an die Tafel.

Reflexion

- In welchen Varianten kann die Jahreszahl 1998 ausgesprochen werden?
  Was ist der Unterschied der beiden Varianten?
- Wann kommt ein „s" bei den Zahlen mit 100?

Qu'est-ce que tu entends?

Lehrerhinweise

Spielart: Ratespiel

Thema: beliebig

Ziel: Aussprache und Hörverstehen (evtl. bestimmter Laute) schulen

Lernjahr: ab 1

Dauer: ca. 20 Minuten

Sozialform: Partnerarbeit, Gruppenarbeit, alle zusammen

Material: bei Bedarf: Lautkarten (KV auf S. 34)

Beschreibung

Bei diesem Spiel werden zunächst zwei Schüler ausgewählt, die den Raum verlassen und am Ende bestimmte Wörter oder Ausdrücke erraten sollen. Sie spielen entweder als Team oder gegeneinander. Die Mitschüler überlegen sich nun in Paaren oder Gruppen zwei bis vier Wörter und zerlegen sie in einzelne Laute, z. B. *ca – hier* oder *a – nni – ver – saire*. Die Wörter werden dann so aufgesagt, dass der erste Schüler den ersten Laut nennt, danach der nächste den zweiten usw. So wird es den ratenden Schülern erschwert, die Wörter zu verstehen. Zur Präsentationsphase werden die Schüler, die vor der Tür gewartet haben, hereingeholt. Dann sagen die Schülergruppen bzw. -paare ihre Wörter in einer festgelegten Reihenfolge auf und die ratenden Schüler wiederholen die Wörter, die sie hören. Für jedes richtig „erhörte" Wort gibt es einen Punkt.

Hinweise

- Nach der Zuteilung der Laute sollten die Gruppen die Aussprache der Wörter kurz einüben. Gibt es Ausspracheprobleme, so können sich die Schüler in den Gruppen gegenseitig korrigieren oder im Zweifelsfall Sie fragen.
- Zur Vermeidung von Aussprachefehlern ist es auch möglich, die Aussprache vor der Präsentationsphase einmal im Plenum zu üben. Dann müssen die ratenden Schüler allerdings sehr lange draußen warten und das Spiel an sich rückt in den Hintergrund.
- Machen Sie die Schüler darauf aufmerksam, dass die hier vorgenommene Zerlegung in Laute nicht zwangsläufig mit der silbengerechten Worttrennung übereinstimmt.
- Das Spiel eignet sich auch, um einen bestimmten Wortschatz gezielt zu wiederholen.

Qu'est-ce que tu entends?

Lehrerhinweise

Varianten

- In der beschriebenen Variante zielt das Spiel nur auf die Aussprache und das Hörverstehen ab. Um den Fokus auf die Rechtschreibung zu legen, können die Wörter von den ratenden Schülern auch an die Tafel geschrieben werden.
- Anstatt einzelner Wörter können auch ganze Sätze in einzelnen Lauten vorgetragen werden.
- Lassen Sie die Übungsphase in den Gruppen weg und spielen Sie mit Wörtern, die den Schülern nicht vorher genannt werden. Dazu bekommt jeder Schüler eine Lautkarte (KV auf S. 34), die er vorlesen soll, ohne dass er das gesamte Wort kennt. Die Laute auf den Karten haben Nummern, die erkennen lassen, dass sie zu einem Wort gehören. Die Buchstaben geben die Reihenfolge der Laute an, d. h. der Laut auf Karte A wird zuerst gelesen, dann Laut B usw. Das Warten auf dem Flur entfällt hier, da die Schüler ihre Laute spontan lesen, ohne zu üben. Dadurch entstehen Aussprache-Varianten, die das Raten schwieriger machen.
- Um den ratenden Schülern das Verstehen zu erschweren, kann jeder Gruppe ein einziger Laut zugeteilt werden, sodass nicht ein Schüler allein, sondern eine ganze Gruppe einen Laut in die Klasse ruft, die nächste Gruppe den nächsten Laut usw. Auf diese Weise sind mehr oder sogar alle Schüler gleichzeitig involviert.
- Des Weiteren kann das Spiel als Variante zum Vokabelpaare-Suchen gespielt werden. Die beiden ratenden Schüler spielen dann im Team und rufen Mitschüler auf, die ihren Laut nennen. Das Team versucht nun, anhand der Laute, die es hört, Schülerpaare oder Gruppen zusammenzusetzen, deren Laute ein sinnvolles Wort ergeben. Man sollte hier die ratenden Schüler zunächst in Ruhe die Gruppen und Paare ordnen lassen und ihnen Gelegenheit zur Überarbeitung geben, falls am Ende Laute übrig bleiben, die nicht zusammenpassen.
  Die Auflösung, ob die Gruppen richtig zugeordnet wurden, erfolgt zum Schluss.

Reflexion

Gerade wenn die Schüler selbst Wörter aussuchen sollten, ist es wichtig, mit ihnen am Ende des Spiels zu besprechen, welche Wörter besonders schwer zu erkennen waren, damit sie dies bei der Auswahl berücksichtigen können und ein Gespür für den Schwierigkeitsgrad entwickeln:

- Welche Wörter waren eher schwierig zu erkennen? Warum?
- Welche Wörter waren leicht zu verstehen? Warum?

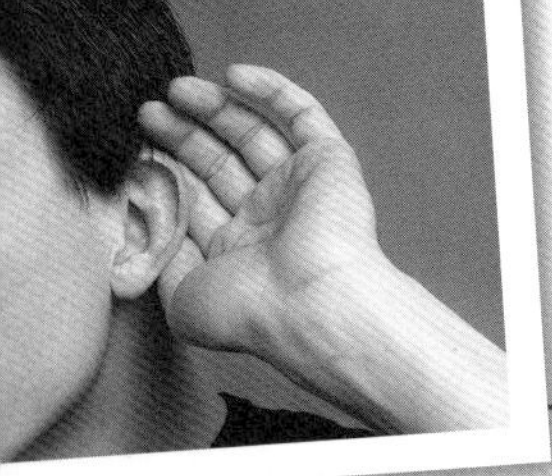

Qu'est-ce que tu entends?

Kopiervorlage: Lautkarten

1A	ré-	1B	-cré-	1C	-a-	1D	-tion
2A	can-	2B	-tine	3A	gym-	3B	-nase
4A	a-	4B	-ppren-	4C	-dre	5A	tra-
5B	-vai-	5C	-ller	6A	pro-	6B	-fe-
6C	-sseur	7A	pren-	7B	-dre	7C	le
7D	bus	8A	jou-	8B	-er	9A	ren-
9B	-trer	10A	in-	10B	-te-	10C	-rro-
10D	-ga-	10E	-tion	10F	é-	10G	-cri-
10H	-te	11A	co-	11B	-mmen-	11C	-cer
12A	a-	12B	-rri-	12C	-ver	12D	tard

L'interdit

Lehrerhinweise

Spielart: Wettbewerb

Thema: Wörter umschreiben bzw. erraten

Ziel: frei sprechen, Umschreibungsmöglichkeiten finden

Lernjahr: 3–4

Dauer: 15-20 Minuten

Sozialform: Gruppenarbeit

Material: Wortkarten (KV auf S. 36 f.), Umschreibungsvokabular (KV auf S. 38), 1 Stoppuhr pro Gruppe

Beschreibung

Kopieren Sie die Wortkarten (KV auf S. 36 f.) und das Umschreibungsvokabular (KV auf S. 38) einmal für jede Gruppe. Die Gruppen teilen sich jeweils in zwei Mannschaften auf. Ziel des Spiels ist es, in einer vorgegebenen Zeit möglichst viele Wörter zu erraten. Die Karten werden verdeckt auf einen Stapel gelegt. Ein Schüler zieht nun eine Karte und versucht mithilfe des Umschreibungsvokabulars, das Wort auf seiner Karte in einer vorgegebenen Zeit, z. B. 60 Sekunden pro Schüler (Stoppuhr!), zu erklären, ohne es zu nennen. Erraten seine Mannschaftsmitglieder das Wort, darf er eine neue Karte ziehen. Wenn seine Zeit um ist, ohne dass sein Wort gefunden wurde, ist ein Schüler der anderen Mannschaft an der Reihe. Die Mannschaft mit den meisten Treffern gewinnt.

Hinweise

- Der Titel *L'interdit* bezieht sich in diesem Fall auf das Verbot, deutsch oder auch englisch zu sprechen – und nicht auf die Wörter, die nicht benutzt werden dürfen, wie es bei dem bekannten Gesellschaftsspiel „Tabu" der Fall ist.
- Sprachliche Fehler sind bei diesem Spiel unvermeidlich. Sie können sich zeitweise in eine Gruppe setzen, um sprachlich zu unterstützen. Ratsamer ist es jedoch, einer Gruppe länger beizusitzen, um typische Fehler zu notieren. Diese können Sie dann im Anschluss oder in der Folgestunde thematisieren (s. Reflexion).

Variante

Anstelle der vorgegebenen Kopiervorlage kann jeder Schüler im Vorfeld Vokabeln aus dem Buch/ aktuellen Textmaterial auf Blankokarten schreiben (z. B. fünf Substantive, fünf Verben und fünf Adjektive). Mischen Sie die Karten und teilen Sie sie aus. Bei höheren Stufen können ganze Wendungen (z. B. *être en opposition de*) notiert werden, sofern bereits bekannt.

Reflexion

In der Reflexion können bestimmte Fehlertypen aufgegriffen werden. Wurde das Umschreibungsvokabular wenig genutzt, sollte es an dieser Stelle noch einmal bewusst geübt werden.

L'interdit

Kopiervorlage: Wortkarten 1/2

le supermarché	l'office de tourisme	la boulangerie
la maison de la presse	la poste	le parc
le restaurant	l'hôtel	l'école
l'hôpital	le CDI	la cantine
la salle de bains	la salle de séjour	la discothèque
la musique	la voiture	le moyen de transport
la baguette	la chemise	le portable
le copain	l'activité	le judo
la photo	la main	la clé
les toilettes	le crayon	la grand-mère

L'interdit

Kopiervorlage: Wortkarten 2/2

aimer	détester	jouer au foot
regarder	danser	chercher
discuter	rentrer	cuisinier
chanter	fêter	joli/e
faire de l'athlétisme	téléphoner	écrire
vert/e	bleu/e	petit/e
sympa	triste	content/e
bon/ne	chaud/e	noir/e
méchant/e	long/ue	froid/e

L'interdit

Kopiervorlage: Umschreibungsvokabular

Les mots pour le dire

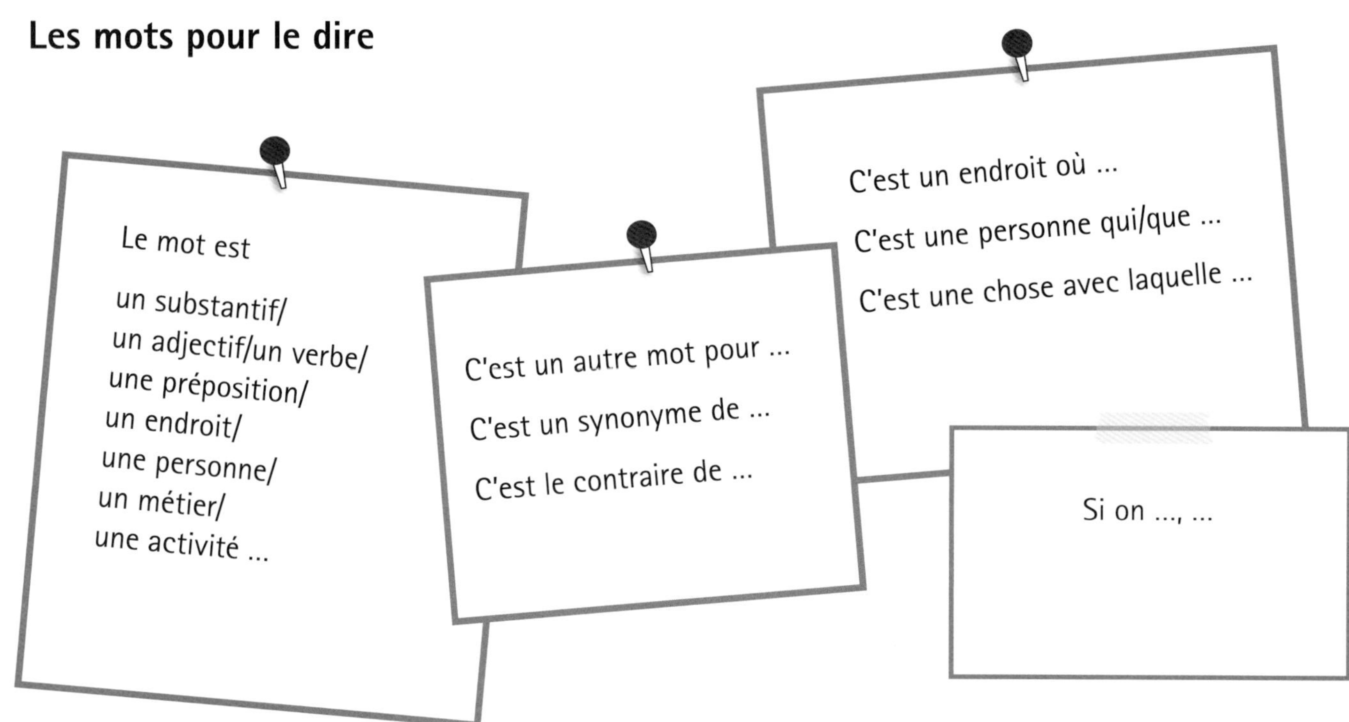

Kopiervorlage: Umschreibungsvokabular

Les mots pour le dire

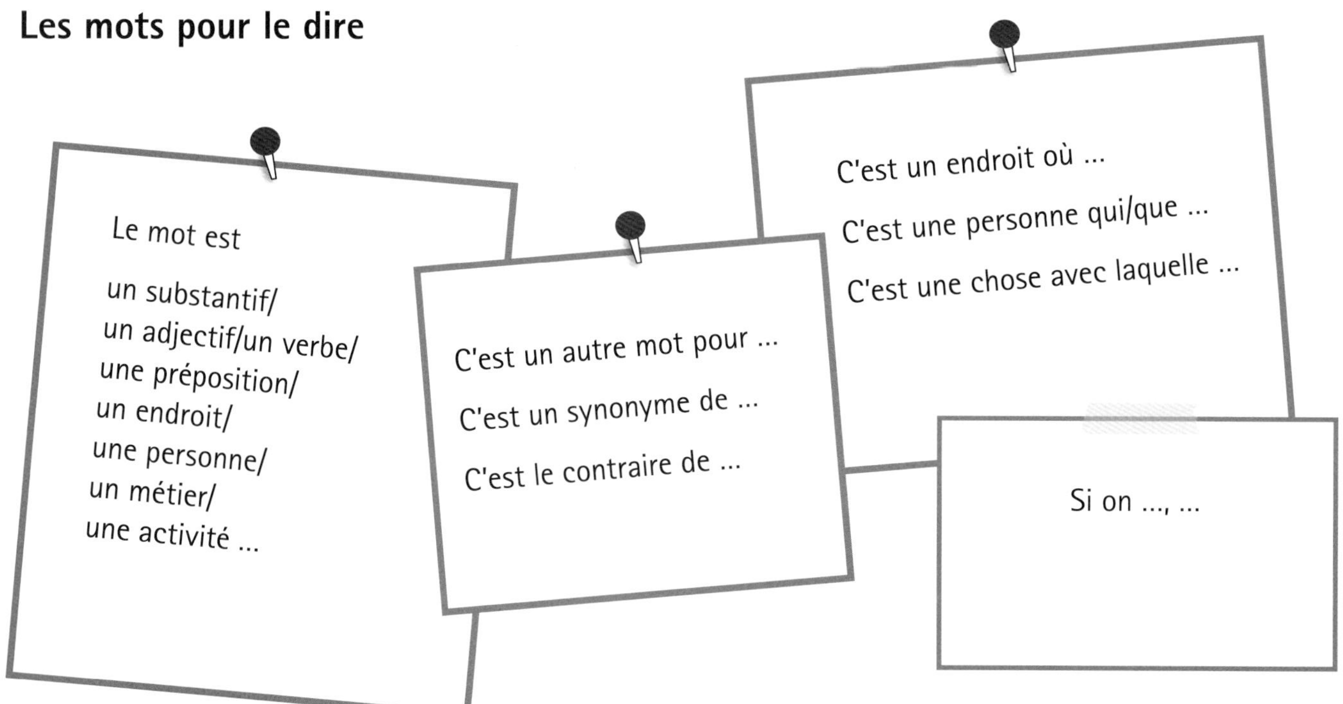

Demander et répondre

Lehrerhinweise

Spielart: Kommunikationsspiel

Thema: Fragen stellen und auf Fragen antworten

Ziel: Kommunikation

Lernjahr: ab 2

Dauer: ca. 10 Minuten

Sozialform: Partnerarbeit

Material: Fragekarten Niveau 1 (KV auf S. 40), Fragekarten Niveau 2 (KV auf S. 41)

Beschreibung

Kopieren Sie je nach Leistungsstand der Lerngruppe die Fragekarten zu Niveau 1 (KV auf S. 40) oder Niveau 2 (KV auf S. 41). Die Hälfte der Schüler erhält je eine Fragekarte. Nun finden sich jeweils zwei Schüler, von denen einer eine Karte hat und der andere nicht, zum Gespräch zusammen. Der Schüler mit Karte stellt seinem Gesprächspartner die angegebene Frage. Nachdem der Gesprächspartner geantwortet hat, übergibt der fragende Schüler ihm seine Karte. Beide suchen sich einen neuen Gesprächspartner, wobei jetzt die Rollen von Fragendem und Antwortendem vertauscht sind.

Hinweise

- Je nach Lerngruppe ist es ratsam, mögliche Fragepronomen (*combien?, quand?* ...), die Frage mit *est-ce que* oder auch die Inversionsfrage und passende Antworten vorher an der Tafel zu sammeln.
- Für schwächere oder niedrigere Leistungsstufen sind auf den Fragekarten Niveau 1 Antworthilfen angegeben. So können die Schüler sich gegenseitig helfen.
- Da bei Niveau 2 der Fragetyp nicht vorgegeben wird, können Variationen auftreten. Diese sollten in der Reflexion aufgegriffen werden.

Variante

Um die Kommunikation zwischen den Gesprächspartnern auf zwei Fragen und zwei Antworten zu erhöhen, erhält jeder Schüler eine Karte. Bevor die Partner auseinandergehen, tauschen sie ihre Karten.

Reflexion

- Mit welchen Formulierungen hattet ihr Probleme?
- Welche Antworten gab es zum Thema Hobbys, Familie ...?
- Welche Formulierungen habt ihr häufiger gehört?
- Welche Fragemöglichkeiten habt ihr bei Niveau 2 für die Karte *date de naissance?/ âge?* ... gehört?

Demander et répondre

Kopiervorlage: Fragekarten Niveau 1

Combien de frères et sœurs est-ce que tu as? (J'ai .../Je n'ai pas de ...)	**Quels hobbys est-ce que tu as?** (J'aime ...)	**Qu'est-ce que tu aimes faire?** (J'aime ...)
Jusqu'à quelle heure est-ce que tu dors le week-end? (Le week-end, je dors jusqu'à ...)	**Comment est-ce que tu vas à l'école?** (Je vais à .../en ...)	**Qu'est-ce que tu détestes?** (Je déteste ...)
Où est-ce que tu habites? (J'habite à .../en ...)	**Comment est-ce que tu préfères passer tes vacances?** (p. ex. Je préfère passer mes vacances avec .../dans un hôtel, sur le terrain de camping, à la mer)	**Quel est ton film préféré? Pourquoi?** (J'adore ..., parce que ...)
Quand est-ce que tu es né/e? (Je suis né/e le ...)	**Quel âge est-ce que tu as?** (J'ai ...)	**Où est-ce que tu voudrais vivre dans 10 ans?** (Je voudrais vivre à ..., en ..., au ..., aux ...)
Qu'est-ce que tu fais avec ton portable? (Je l'utilise pour téléphoner/chatter/jouer ...)	**Quel est ton repas préféré? Qu'est-ce que tu n'aimes pas?** (J'aime le, la, les .../Je n'aime pas le, la, les ...)	**Est-ce tu portes d'autres vêtements le week-end? Pourquoi?** (Oui/Non, ... parce que ...)

Demander et répondre

Kopiervorlage: Fragekarten Niveau 2

nom?	âge?	famille?
hobbys?	métier de rêve?	domicile?
animaux préférés?	film préféré?	matière préférée?
repas/ne pas aimer?	vacances préférées?	date de naissance?
vêtements/ ne pas aimer?	activités avec le portable?	projets après l'école?
sport excercé?	genre de lecture?	discothèque?
musique préférée?	marotte quelconque?	caractère?

Qui suis-je?

Lehrerhinweise

Spielart: Ratespiel
Thema: Entscheidungsfragen
Ziel: Entscheidungsfragen üben und festigen
Lernjahr: ab 3
Dauer: ca. 20 Minuten
Sozialform: Gruppenarbeit
Material: kleine Zettel im Klassensatz, Kreppband, ggf. 1 Wörterbuch pro Gruppe

Beschreibung

Jeder Schüler einer Gruppe schreibt verdeckt einen Namen einer bekannten Person oder Figur auf einen Zettel. Diesen Zettel bekommt ein Mitschüler an die Stirn geklebt, ohne dass er den Namen sieht. Sobald alle Spieler einen Zettel auf der Stirn haben, beginnt die Fragerunde. Ziel des Spiels ist es, mithilfe von Fragen herauszufinden, welche bekannte Person oder Figur man auf der Stirn stehen hat. Der erste Schüler stellt jetzt seine Fragen, die sich mit *oui* oder *non* beantworten lassen, z.B. *Est-ce que je vis en Allemagne?* Er darf so lange weiterfragen, bis einmal die Antwort *non* gegeben wird. Dann ist der nächste Spieler mit seinen Fragen an der Reihe. Wer zuerst herausgefunden hat, welchen Namen er auf der Stirn stehen hat, ist der Gewinner der Gruppe.

Hinweise

- Steht genügend Zeit zur Verfügung, kann das Spiel so lange fortgesetzt werden, bis alle ihre Namen herausgefunden haben.
- Die Gruppen sollten nicht zu groß sein, damit der Sprechanteil der einzelnen Schüler hoch genug ist.
- Stellen Sie, wenn nötig, jeder Gruppe ein Wörterbuch zur Verfügung.

Variante

Statt bekannte Personen oder Figuren können auch Dinge aus anderen Bereichen genommen werden, z.B.: *les animaux, la nourriture, les métiers ...*

Reflexion

- Mit welchen Fragen hattet ihr Schwierigkeiten? Welche fielen euch leicht?
- Welche andere Art von Frage gibt es neben der Entscheidungsfrage? (→ die Ergänzungsfrage: *Où est-ce que ...?, Quel est ...?*)

Mensonge

Lehrerhinweise

Spielart: Ratespiel

Thema: über die Ferien sprechen

Ziel: das *passé composé* üben, die Fragetypen wiederholen

Lernjahr: ab 3

Dauer: ca. 20 Minuten

Sozialform: Partnerarbeit

Material: Aufgabenstellung (KV auf S. 44), Interviewbogen (KV auf S. 45)

Beschreibung

Kopieren Sie zur Vorbereitung die Aufgabenstellung (KV auf S. 44) auf eine Folie und kopieren Sie den Interviewbogen (KV auf S. 45) 2-mal für jeden Schüler.
Das Spiel eignet sich besonders für den Schulstart nach den Ferien. Mithilfe der Aufgabenstellung, die Sie an die Wand projizieren, führen die Schüler Gespräche über ihre Ferien, wobei jeder Schüler zwei Mitschüler befragen soll. Zur Vereinfachung sind die Fragestellungen auf dem Interviewbogen mit angegeben. Die Antworten schreiben die Schüler dort in Notizform in die entsprechenden Felder. Das Besondere bei den Fragerunden ist, dass jeder Schüler eine *mensonge* in die Geschichte seines Gesprächspartners einbauen soll, z. B.: *Tina a rencontré Lukas Podolski à la plage.* Die Lüge kann sich natürlich auch auf das Urlaubsziel, die mitgereisten Personen usw. beziehen. Nach Ende der Gesprächsrunden stellen einige Schüler die Ferien ihres Gesprächspartners vor (Aufgabe 2: Devinette). Die anderen Schüler haben den Auftrag, die eingebaute Lüge zu benennen.

Hinweise

- Wenn das Spiel gleich zu Beginn des Schuljahres stattfindet, sollten vorher noch einmal die Fragestellungen und ggf. das *passé composé* an der Tafel wiederholt werden.
- In jüngeren Jahrgangsstufen ist es ratsam, die verschiedenen Antwortmöglichkeiten vorab zusammenzutragen (z. B. *OÙ? → en France/Allemagne, au Luxembourg, aux Etats-Unis, à Berlin .../COMMENT? → sur le terrain de camping, dans un hôtel ...*).

Variante

Anstatt über die Ferien zu sprechen, kann auch das vergangene Wochenende, das Weihnachtsfest o. Ä. Thema sein. Dafür müssten unter Umständen einige Fragen abgewandelt werden.

Reflexion

- Wer hat eurer Meinung nach die interessantesten/lustigsten ... Ferien verbracht? Warum?
- Wo seht ihr Gemeinsamkeiten?
- Wo haben die meisten von euch ihre Ferien verbracht?
- Welche Lüge fandet ihr am besten? Warum?

Mensonge

Kopiervorlage: Aufgabenstellung

Parler de ses vacances

Interview

1) Fais l'interview avec deux personnes différentes:

Pose des questions sur leurs vacances.

Dans la rubrique «Mensonge» tu inventes une chose qui n'est pas vraie où bien tu changes quelque chose dans la réponse (lieu, durée, personnes ...).

examples:

Un jour, Tina a rencontré ***Lukas Podolski*** *à la plage.*

Jan a passé ses vacances avec ses ***grand-parents.***

Felix a passé ses vacances ***en Tunisie.***

Devinette

2) Présente une personne de tes interviews.
Les autres doivent deviner ce qui n'est pas vrai ...

Mensonge

Kopiervorlage: Interviewbogen

Parler de ses vacances

	Interview 1	Interview 2
Nom		
Où? (pays, région)		
Avec qui?		
Comment? (hébergement)		
Quoi? (activité)		
Mensonge		

Où
Avec qui } *as-tu passé tes vacances?*
Comment

Qu'est-ce que tu as/vous avez fait pendant les vacances?

Les cadeaux du Père Noël

Lehrerhinweise

Spielart: Kommunikationsspiel

Thema: Weihnachten

Ziel: durch Kommunikation einen Partner finden

Lernjahr: 1–2

Dauer: 10 Minuten

Sozialform: Partnerarbeit

Material: Partnerkarten (KV auf S. 48 f.), alternativ Kreiskarten (KV auf S. 50 f.)

Beschreibung

Kopieren Sie vorbereitend die Partnerkarten (KV auf S. 48 f.). Ziel des Spiels ist es, für eine anschließende Arbeitsphase (z. B. zur Bearbeitung von Tandems oder dem Schreiben von Dialogen) einen Partner zu finden. Es eignet sich für Stunden in der Vorweihnachtszeit oder nach den Weihnachtsferien.

Zu Beginn erhält jeder Schüler eine der Karten, auf der steht, welches Geschenk er vom Weihnachtsmann bekommen hat und welches er sich eigentlich gewünscht hatte. Nun bekommt jeder Schüler die Aufgabe, den Mitschüler zu finden, der das Geschenk bekommen hat, das eigentlich er sich gewünscht hatte, um mit ihm zu tauschen. Die Karten sind so vorbereitet, dass am Ende immer zwei Schüler ein Paar bilden, da A das Geschenk sucht, das B bekommen hat, und B das Geschenk sucht, das A bekommen hat. Wenn die zwei tauschen, ist also jeder zufrieden und das Paar hat sich gefunden. Bei der Partnersuche sollen die Schüler nur Französisch sprechen und ihre Karte vor den anderen verborgen halten.

Hinweise

- Bei den Karten wurde auf die Verwendung der Vergangenheitsform verzichtet, damit sie im ersten Lernjahr eingesetzt werden können. Außerdem sind die Geschenke an den Wortschatz angepasst, der zu Beginn gelernt wird. Lediglich der Ausdruck *tu voudrais avoir* muss vorentlastet werden. Mit veränderten Geschenken ist das Spiel auch für höhere Lernjahre authentisch.
- Beachten Sie, dass es immer zwei Schüler gibt, die ein bestimmtes Geschenk bekommen haben, und zwei, die dieses Geschenk suchen. Um ein Paar zu bilden, muss aber direkt getauscht werden können, sodass beide das haben, was sie sich wünschen. Wenn ein Schüler also ein Videospiel bekommen hat und sich einen Hund wünscht, kann er nur mit dem Mitschüler tauschen, der den Hund bekommen hat und sich ein Videospiel wünscht, und nicht mit demjenigen, der den Hund bekommen hat und sich einen Fernseher wünscht, weil dessen Wunsch mit dem Videospiel nicht erfüllt werden kann.

- Bei einer ungeraden Anzahl an Schülern können Sie als Lehrer selbst mitspielen oder einem leistungsstarken Schüler zwei Karten geben. Der Vorteil des Verteilens von zwei Karten an einen Schüler ist, dass automatisch eine 3er-Gruppe entsteht, was den Schülern dann gerechter erscheint. Würden Sie als Lehrer „Ihren Partner" am Ende einem anderen Paar zuteilen, wäre das keine zufällige Gruppenbildung mehr.

Varianten

- Fragen Sie Ihre Schüler nach ihren Wünschen und lassen Sie jeden Schüler mindestens zwei Wünsche aufschreiben (besser mehr, um bei Doppelungen eine größere Auswahl zu haben). Erstellen Sie nun selbst Karten, auf denen Sie die genannten Wünsche eintragen. Sie können den Schülern die Karten geben, die ihren Wünschen entsprechen, wodurch Sie einen weiteren Lernerfolg erzielen, da sicher einige unbekannte Wörter unter den Wünschen sein werden. Hat jeder Schüler denjenigen gefunden, der sein Geschenk hat, kann er ihm erklären, was das Wort bedeutet. Natürlich kann das Probleme in der Aussprache mit sich bringen. Daher sollte diese Variante erst ab dem zweiten Lernjahr eingesetzt werden, wenn die Schüler ein besseres Sprachgefühl entwickelt haben und auch unbekannte Wörter besser aussprechen können als zu Beginn.
- Alternativ können Sie das Spiel auch so spielen, dass die Schüler sich durch das Suchen ihres Geschenks nach und nach in einer bestimmten Reihenfolge (im Kreis) aufstellen. Hier muss niemand zum Tauschen gefunden werden, sondern jemand, der das eigene Geschenk haben möchte, und zusätzlich ein anderer Schüler, der das gewünschte Geschenk hat. Schüler A hat also das Geschenk für Schüler B, Schüler B das Geschenk für Schüler C usw. – und Schüler Z das Geschenk für Schüler A. Diese Variante ist z. B. für einen Sitzkreis oder den Aufbau eines Kugellagers geeignet. Außerdem sind Partnerinterviews mit dem linken und dem rechten Nachbarn möglich. So können die Gesprächspartner zufällig bestimmt werden und man verhindert, dass sich immer nur Freunde oder nur Jungen bzw. nur Mädchen unterhalten. Verwenden Sie dafür die Kreiskarten (KV auf S. 50 f.).

Les cadeaux du Père Noël

Kopiervorlage: Partnerkarten 1/2

Tu voudrais avoir un jeu-vidéo, mais le Père Noël apporte un chien. ☹ Cherche l'élève avec le jeu-vidéo. © cruffpics / Fotolia.com	Tu voudrais avoir un chien, mais le Père Noël apporte un jeu-vidéo. ☹ Cherche l'élève avec le chien. © cruffpics / Fotolia.com
Tu voudrais avoir une télé, mais le Père Noël apporte un chat. ☹ Cherche l'élève avec la télé. © cruffpics / Fotolia.com	Tu voudrais avoir un chat, mais le Père Noël apporte une télé. ☹ Cherche l'élève avec le chat. © cruffpics / Fotolia.com
Tu voudrais avoir un tee-shirt, mais le Père Noël apporte un livre. ☹ Cherche l'élève avec le tee-shirt. © cruffpics / Fotolia.com	Tu voudrais avoir un livre, mais le Père Noël apporte un tee-shirt. ☹ Cherche l'élève avec le livre. © cruffpics / Fotolia.com
Tu voudrais avoir un vélo, mais le Père Noël apporte une BD. ☹ Cherche l'élève avec le vélo. © cruffpics / Fotolia.com	Tu voudrais avoir une BD, mais le Père Noël apporte un vélo. ☹ Cherche l'élève avec la BD. © cruffpics / Fotolia.com
Tu voudrais avoir une affiche, mais le Père Noël apporte un ballon de foot. ☹ Cherche l'élève avec l'affiche. © cruffpics / Fotolia.com	Tu voudrais avoir un ballon de foot, mais le Père Noël apporte une affiche. ☹ Cherche l'élève avec le ballon de foot. © cruffpics / Fotolia.com
Tu voudrais avoir un DVD, mais le Père Noël apporte un ordinateur. ☹ Cherche l'élève avec le DVD. © cruffpics / Fotolia.com	Tu voudrais avoir un ordinateur, mais le Père Noël apporte un DVD. ☹ Cherche l'élève avec l'ordinateur. © cruffpics / Fotolia.com
Tu voudrais avoir un CD, mais le Père Noël apporte une affiche de ZAZ. ☹ Cherche l'élève avec le CD. © cruffpics / Fotolia.com	Tu voudrais avoir une affiche de ZAZ, mais le Père Noël apporte un CD. ☹ Cherche l'élève avec l'affiche de ZAZ. © cruffpics / Fotolia.com

© Verlag an der Ruhr | Autoren: Jennifer Mockenhaupt, Simone Nettingsmeier | ISBN 978-3-8346-3815-1
www.verlagruhr.de | Kapitelmotiv © ellagrin / Fotolia.com

Les cadeaux du Père Noël

Kopiervorlage: Partnerkarten 2/2

Tu voudrais avoir une télé,
mais le Père Noël apporte un chien. ☹
Cherche l'élève avec la télé.

Tu voudrais avoir un chien,
mais le Père Noël apporte une télé. ☹
Cherche l'élève avec le chien.

Tu voudrais avoir un jeu-vidéo,
mais le Père Noël apporte un chat. ☹
Cherche l'élève avec le jeu-vidéo.

Tu voudrais avoir un chat,
mais le Père Noël apporte un jeu-vidéo. ☹
Cherche l'élève avec le chat.

Tu voudrais avoir un vélo,
mais le Père Noël apporte un livre. ☹
Cherche l'élève avec le vélo.

Tu voudrais avoir un livre,
mais le Père Noël apporte un vélo. ☹
Cherche l'élève avec le livre.

Tu voudrais avoir un CD,
mais le Père Noël apporte une BD. ☹
Cherche l'élève avec le CD.

Tu voudrais avoir une BD,
mais le Père Noël apporte un CD. ☹
Cherche l'élève avec la BD.

Tu voudrais avoir une affiche de foot,
mais le Père Noël apporte un DVD. ☹
Cherche l'élève avec l'affiche de foot.

Tu voudrais avoir un DVD,
mais le Père Noël apporte
une affiche de foot. ☹
Cherche l'élève avec le DVD.

Tu voudrais avoir un ballon de foot,
mais le Père Noël apporte un ordinateur. ☹
Cherche l'élève avec le ballon de foot.

Tu voudrais avoir un ordinateur,
mais le Père Noël apporte
un ballon de foot. ☹
Cherche l'élève avec l'ordinateur.

Tu voudrais avoir un tee-shirt,
mais le Père Noël apporte
une affiche de ZAZ. ☹
Cherche l'élève avec le tee-shirt.

Tu voudrais avoir une affiche de ZAZ,
mais le Père Noël apporte un tee-shirt. ☹
Cherche l'élève avec l'affiche de ZAZ.

© Verlag an der Ruhr | Autoren: Jennifer Mockenhaupt, Simone Nettingsmeier | ISBN 978-3-8346-3815-1
www.verlagruhr.de | Kapitelmotiv © ellagrin / Fotolia.com

Les cadeaux du Père Noël

Kopiervorlage: Kreiskarten 1/2

Tu voudrais avoir un jeu-vidéo,
mais le Père Noël apporte un chien. ☹
Cherche l'élève avec le jeu-vidéo.

Tu voudrais avoir un chien,
mais le Père Noël apporte un stylo. ☹
Cherche l'élève avec le chien.

Tu voudrais avoir un stylo pour écrire des histoires, mais le Père Noël apporte un chat. ☹
Cherche l'élève avec le stylo.

Tu voudrais avoir un chat,
mais le Père Noël apporte une trousse. ☹
Cherche l'élève avec le chat.

Tu voudrais avoir une trousse,
mais le Père Noël apporte un livre. ☹
Cherche l'élève avec la trousse.

Tu voudrais avoir un livre,
mais le Père Noël apporte un vélo. ☹
Cherche l'élève avec le livre.

Tu voudrais avoir un vélo,
mais le Père Noël apporte
une BD de Tintin. ☹
Cherche l'élève avec le vélo.

Tu voudrais avoir une BD de Tintin,
mais le Père Noël apporte
une affiche de foot. ☹
Cherche l'élève avec la BD de Tintin.

Tu voudrais avoir une affiche de foot,
mais le Père Noël apporte un DVD. ☹
Cherche l'élève avec l'affiche.

Tu voudrais avoir un DVD,
mais le Père Noël apporte
un ballon de foot. ☹
Cherche l'élève avec le DVD.

Tu voudrais avoir un ballon de foot,
mais le Père Noël apporte un CD de ZAZ. ☹
Cherche l'élève avec le ballon de foot.

Tu voudrais avoir un CD de ZAZ,
mais le Père Noël apporte un ordinateur. ☹
Cherche l'élève avec le CD de ZAZ.

© Verlag an der Ruhr | Autoren: Jennifer Mockenhaupt, Simone Nettingsmeier | ISBN 978-3-8346-3815-1
www.verlagruhr.de | Kapitelmotiv © ellagrin / Fotolia.com

Les cadeaux du Père Noël

Kopiervorlage: Kreiskarten 2/2

Tu voudrais avoir un ordinateur,
mais le Père Noël apporte un sac à dos. ☹
Cherche l'élève avec l'ordinateur.

© cruffpics / Fotolia.com

Tu voudrais avoir un sac à dos,
mais le Père Noël apporte une télé. ☹
Cherche l'élève avec le sac à dos.

© cruffpics / Fotolia.com

Tu voudrais avoir une télé,
mais le Père Noël apporte un téléphone. ☹
Cherche l'élève avec la télé.

© cruffpics / Fotolia.com

Tu voudrais avoir un téléphone,
mais le Père Noël apporte un tee-shirt. ☹
Cherche l'élève avec le téléphone.

© cruffpics / Fotolia.com

Tu voudrais avoir un tee-shirt,
mais le Père Noël apporte
une affiche de Louane. ☹
Cherche l'élève avec le tee-shirt.

© cruffpics / Fotolia.com

Tu voudrais avoir une affiche de Louane,
mais le Père Noël apporte
un ballon de rugby. ☹
Cherche l'élève avec l'affiche de Louane.

© cruffpics / Fotolia.com

Tu voudrais avoir un ballon de rugby,
mais le Père Noël apporte une bougie. ☹
Cherche l'élève avec le ballon de rugby.

© cruffpics / Fotolia.com

Tu voudrais avoir une bougie,
mais le Père Noël apporte un carton. ☹
Cherche l'élève avec la bougie.

© cruffpics / Fotolia.com

Tu voudrais avoir un carton pour tes livres,
mais le Père Noël apporte une gomme. ☹
Cherche l'élève avec le carton.

© cruffpics / Fotolia.com

Tu voudrais avoir une gomme,
mais le Père Noël apporte
une BD d'Astérix. ☹
Cherche l'élève avec la gomme.

© cruffpics / Fotolia.com

Tu voudrais avoir une BD d'Astérix,
mais le Père Noël apporte
un CD de techno. ☹
Cherche l'élève avec la BD d'Astérix.

© cruffpics / Fotolia.com

Tu voudrais avoir un CD de techno,
mais le Père Noël apporte un jeu-vidéo. ☹
Cherche l'élève avec le CD de techno.

© cruffpics / Fotolia.com

Ma journée à l'école

Lehrerhinweise

Spielart: Tandem
Thema: Uhrzeit und Tagesablauf mit Verben auf *-er* und *être/avoir*
Ziel: vorgegebene Sätze zum Tagesablauf bilden und dabei Uhrzeiten und konjugierte Verben richtig aussprechen

Lernjahr: 1–2
Dauer: 20–25 Minuten
Sozialform: Partnerarbeit
Material: Tandembogen (KV auf S. 53), ggf. Anleitung (KV auf S. 54)

Beschreibung

Kopieren Sie den Tandembogen (KV auf S. 53) für jedes Schülerpaar in Ihrer Klasse. Die Schüler verteilen zunächst die Rollen A und B, falten dann das Blatt entlang der gepunkteten Mittellinie und halten es so, dass jeder nur eine Hälfte des Blattes sehen kann. Die Seite des Partners, auf der die Lösung zu lesen ist, darf nicht einsehbar sein. Erläutern Sie, dass jeder Schüler mit den Hinweisen jeweils zwei vollständige Sätze bilden soll. Die Anleitung (KV auf S. 54) können Sie kurz durchsprechen oder auf Folie kopieren und den Schülern während der Arbeitsphase an die Wand projizieren. Oder Sie verzichten im Rahmen einer Übungsphase mit mehreren Aufgaben ganz auf eine mündliche Erläuterung des Tandems.
Das Tandem wird nun in Partnerarbeit bearbeitet, wobei Partner A beginnt und – wie in der Anleitung vermerkt – Partner B das Gesagte anhand der Musterlösung auf seiner Hälfte des Bogens kontrolliert und ggf. verbessert. Am Ende tauschen die Schüler die Rollen und spielen das Tandem noch einmal durch.

Hinweise

- Es empfiehlt sich, zu Beginn die Uhrzeit im 12er-System (*deux heures* statt *quatorze heures*) und die Aussprache der Verben auf *-er* (Infinitiv und konjugierte Form) zu wiederholen, damit die Schüler die Aussagen des Partners korrigieren können.
- Am besten investieren Sie noch einmal zehn Minuten und lassen ein Schülerpaar das Tandem vor der Klasse durchspielen, um die Schüler für die Aussprache zu sensibilisieren und die gegenseitige Korrektur zu etablieren.

Variante

Um die Rechtschreibung zu üben, kann der Tandembogen anschließend schriftlich bearbeitet werden.

Reflexion

- Wo hattet ihr Probleme mit der Aussprache oder der Uhrzeit?
- Was fiel euch besonders leicht?

Ma journée à l'école

Kopiervorlage: Tandembogen

Ma journée à l'école – Il est quelle heure?

Partenaire A	Partenaire B
6:00 – (je) être – encore au lit	Il est six heures. Je suis encore au lit.
Il est sept heures. Mon chat joue *(e nicht hörbar!)* avec moi.	7:00 – (mon chat) jouer – avec moi
7:30 – (je) être – dans le bus	Il est sept heures et demie. Je suis dans le bus.
Il est huit heures moins le quart. J'arrive *(e nicht hörbar!)* à l'école.	7:45 – (je) arriver – à l'école
8:15 – (je) avoir – un cours de français	Il est huit heures et quart. J'ai un cours de français.
Il est neuf heures et demie. C'est la récré.	9:30 – être – la récré
12:40 – (nous) manger – à la cantine	Il est une heure moins vingt. Nous mangeons à la cantine.
Il est une heure vingt-cinq. Nous avons un cours de sport.	13:25 – (nous) avoir – un cours de sport
14:10 – Zut! (je) ne pas avoir – mes devoirs de musique	Il est deux heures dix. Zut! Je n'ai pas mes devoirs de musique.
Il est trois heures moins cinq. Je travaille *(e nicht hörbar!)* encore à l'école avec le prof de musique.	14:55 – (je) travailler – encore à l'école avec le prof de musique
15:25 – (je) rentrer	Il est trois heures vingt-cinq. Je rentre *(e nicht hörbar!)*.
Il est quatre heures moins vingt-cinq. Je suis à la maison. Ouf! Quelle journée!	15:35 – (je) être – à la maison. Ouf! Quelle journée!

Ma journée à l'école

Kopiervorlage: Anleitung zum Tandembogen

Faltet das Blatt an der gestrichelten Linie.

Partenaire A beginnt und bildet einen Satz, mit dem er die Uhrzeit nennt. Danach formuliert er einen weiteren Satz, mit dem er sagt, was die Person in Klammern (*je, nous* usw.) macht. *Partenaire B* kontrolliert die Aussprache und den Satzbau.

Dann ist *Partenaire B* an der Reihe und bildet zwei Sätze.

Tauscht am Ende die Rollen und spielt den Tandembogen noch einmal durch.

Fertig? ☺
Überlegt:

Wo hattet ihr Probleme mit der Aussprache oder der Uhrzeit?

Was fiel euch besonders leicht?

Je fais ma valise

Lehrerhinweise

Spielart: Wortspiel
Thema: Kleidungsstücke und Farben
Ziel: Wortschatz festigen, die Merkfähigkeit verbessern
Lernjahr: ab 1

Dauer: 10–15 Minuten
Sozialform: alle zusammen
Material: Bildliche Spielanleitung (KV auf S. 56) und ggf. farbige Folienstifte

Beschreibung

Ziehen Sie vorab die bildliche Spielanleitung auf Folie (KV auf S. 56), mit der Sie auch Lernanfängern den Spielablauf problemlos auf Französisch erklären können (eventuell malen Sie die markierten Kleidungsstücke mit Folienstiften wie vorgegeben farbig aus). Im hier vorgestellten Beispiel geht es darum, mit einer inhaltlichen Vorgabe (z. B. *Choisis un vêtement de ton voisin/ ta voisine à droite.*), eine Wortkette zum Thema Kleidung zu bilden. Die Vorgabe soll dafür sorgen, dass ein Schüler nicht die ihm bestens bekannten Wörter anhängt, sondern sprachlich mehr herausgefordert wird, da er nur ein Kleidungsstück wählen darf, das der rechte Nachbar auch tatsächlich trägt. Andererseits sind die Möglichkeiten aber auch nicht zu sehr eingeschränkt, weil trotz der Vorgabe immer noch Auswahlmöglichkeiten bestehen. Der Ablauf des Spiels ist sicher bekannt: Die Schüler bilden eine Redekette, d. h., ein Schüler beginnt, danach ist sein Nachbarn an der Reihe, dann dessen Nachbar usw. Der Schüler, der an der Reihe ist, muss zunächst alle Kleidungsstücke wiederholen, die die Vorredner genannt haben, und darf erst dann ein neues Wort hinzufügen.

Hinweise

- Natürlich werden sich die Kleidungsstücke und Farben irgendwann wiederholen, aber mit der Vorgabe, dass man nicht das gleiche Kleidungsstück wählen darf wie die letzten drei Vorredner, kann man für mehr Abwechslung sorgen.
- Um der Erinnerung auf die Sprünge zu helfen, kann der Schüler, dessen Kleidungsstück gerade genannt werden soll, durch Gesten auf dieses aufmerksam machen.

Variante

Das Spiel kann ebenso ohne Vorgaben oder mit dem Wortschatz zu einem ausgewählten Thema gespielt werden.

Reflexion

Besprechen Sie mit den Schülern, welche Strategien sie anwenden, um sich die vielen Dinge zu merken. Werden diese Strategien bewusst gemacht, führen sie zu einem planvolleren Vorgehen, was den Schülern beim Lernen hilft.

Je fais ma valise

Kopiervorlage: Bildliche Spielanleitung

Je fais ma valise
et je prends
une robe bleue.

bleue

Je fais ma valise
et je prends
une robe bleue
et une
casquette verte.

verte

Je fais ma valise
et je prends une robe bleue,
une casquette verte
et des chaussures grises.

grises

Je fais
ma valise
et je prends ...

jaune

Ça fait combien?

Lehrerhinweise

Spielart: Tandem
Thema: Preise beim Einkaufen
Ziel: Preise in einer Einkaufssituation benennen

Lernjahr: ab 1
Dauer: ca. 5 Minuten
Sozialform: Partnerarbeit
Material: Tandembogen (KV auf S. 58 f.)

Beschreibung

Kopieren Sie für jedes Schülerpaar einen Tandembogen (KV auf S. 58 f.). Hierzu müssen Sie jeweils entscheiden, welche der beiden Niveaustufen die geeignete ist. Die Partner falten ihr Blatt entlang der gepunkteten Mittellinie und halten es so, dass jeweils der Partner die Seite, auf der seine Lösung zu lesen ist, nicht einsehen kann. Nun beginnt Partner A mit der ersten Frage. Partner B antwortet. Macht dieser einen Fehler, so korrigiert Partner A ihn anhand der abgedruckten Lösung. Danach stellt Partner B seine Frage usw.

Hinweise

- Um die Ausdrucksweise zu variieren, wurden drei verschiedene Formulierungen verwendet: *Ça fait combien?*, *Ça coûte combien?* und *Je vous dois combien?*
- Die Schüler üben im geschützten Raum, das bedeutet zugleich, dass sie für die Korrektur ihres Gegenübers verantwortlich sind. Dies sollten Sie den Schülern von vornherein deutlich machen.
- Das Tandem eignet sich ebenso gut als vorentlastender Einstieg in einen Verkaufsdialog im Rollenspiel.

Variante

Lassen Sie die Partner untereinander wechseln.

Reflexion

Wenn die Schüler das Tandem beendet haben, können Sie noch einmal ein oder zwei Schülerpaare benennen, die eine der Tandemfragen vorstellen:

- Wurde die Zahl richtig ausgesprochen?
- Hat der Partner richtig korrigiert?

Ça fait combien?

Kopiervorlage: Tandembogen 1/2 (Zahlen von 1 – 20)

Niveau 1

Partenaire A	Partenaire B
Ça fait combien? (3,20 € = trois euros vingt)	(3,20 €) **Marchand:** Ça fait ...
(6,12 €) **Marchand:** ..., s'il vous plaît!	**Je vous dois combien?** (6,12 € = six euros douze)
Je vous dois combien? (1,05 € = un euro cinq)	(1,05 €) **Marchand:** ..., s'il vous plaît!
(15,13 €) **Marchand:** Ça coûte ...	**Ça coûte combien?** (15,13 € = quinze euros treize)
Je vous dois combien? (11,15 € = onze euros quinze)	(11,15 €) **Marchand:** ..., s'il vous plaît!
(19,10 €) **Marchand:** Ça fait ...	**Ça fait combien?** (19,10 € = dix-neuf euros dix)

Ça fait combien?

Kopiervorlage: Tandembogen 2/2 (Zahlen von 1 – 100)

Niveau 2

Partenaire A	Partenaire B
Ça fait combien? (5,52 € = cinq euros cinquante-deux)	(5,52 €) **Marchand:** Ça fait ...
(18,33 €) **Marchand:** ..., s'il vous plaît!	**Je vous dois combien?** (18,33 € = dix-hui*t* euros trente-trois)
Je vous dois combien? (15,45 € = quinze euros quarante-cinq)	(15,45 €) **Marchand:** ..., s'il vous plaît!
(63,36 €) **Marchand:** Ça coûte ...	**Ça coûte combien?** (63,36 € = soixante-trois euros trente-six)
Je vous dois combien? (1,99 € = un euro dix-neuf)	(1,99 €) **Marchand:** ..., s'il vous plaît!
(92,40 €) **Marchand:** Ça fait ...	**Ça fait combien?** (92,40 € = quatre-vingt-douze euros quarante)

Chasseur des mots

Lehrerhinweise

Spielart: Wettbewerb

Thema: Wörter suchen

Ziel: Vokabeln eines Wortfeldes wiederholen

Lernjahr: ab 2

Dauer: ca. 20 Minuten

Sozialform: alle zusammen

Material: –

Beschreibung

Das Spiel ist an das deutsche „Stadt – Land – Fluss" angelehnt. Ziel ist es, bereits gelerntes Vokabular zu reaktivieren. Die Kategorien können mit Blick auf den jeweiligen Lernstand frei gewählt werden. Das folgende Beispiel richtet sich nach dem Lernstand des zweiten Lernjahres und wird als Wettkampf zwischen zwei Parteien ausgeführt.
Zeichnen Sie zunächst die Beispielskizze an die Tafel und fordern Sie die Schüler auf, die Tabelle, jedoch ohne das erläuternde Beispiel (mit „e" beginnende Wörter), in ihr Heft zu übertragen. Gegebenenfalls sollten sie dabei noch weitere Leerzeilen ergänzen.

animal	école	aliment	activité	lieu	(points)
éléphant	*élèves*	*eau*	*écrire*	*école*	

Alternative Kategorien wären beispielsweise:
profession
prénom français
cuisine
verbe
substantif
adjectif

Chasseur des mots

Lehrerhinweise

Die Schüler werden in zwei Gruppen (z. B. in die linke und die rechte Klassenraumhälfte) unterteilt. Sie oder ein Schüler der einen Gruppe beginnt, innerlich das Alphabet (auf Französisch) von A bis Z durchzugehen, bis ein Schüler der anderen Gruppe ihn laut stoppt. Der Buchstabe, bei dem der Schüler in diesem Moment angekommen ist, wird groß an die Tafel geschrieben. Jetzt beginnen alle Schüler, für jede Kategorie ein Wort mit diesem Anfangsbuchstaben zu suchen, und tragen es in die entsprechende Spalte ein. Hat ein Schüler alle Kategorien ausgefüllt, ruft er laut „*J'ai fini!*". Daraufhin müssen alle Schüler das Schreiben einstellen.
Hat der Schüler für alle Kategorien passende Wörter gefunden, gehen die Punkte an seine Gruppe (pro Kategorie ein Punkt). Ist eine Kategorie falsch bzw. unpassend, so geht der Punkt an die gegnerische Gruppe.
Chasseur des mots ist die Gruppe, die am Ende des Spiels, also nach einer evtl. vorab festgelegten Anzahl an Durchgängen, die meisten Punkte hat.

Hinweise

- Die korrekte Rechtschreibung steht hier zunächst nicht im Fokus. Man könnte sie aber hinzunehmen, um beispielsweise bei einem Gleichstand (v. a. auch bei mehr als zwei Gruppen, s. Variante) den Platz 1, Platz 2 usw. zu ermitteln.
- Dieses Spiel eignet sich besonders zur Einstimmung auf die Wörterbucharbeit.
- Die Schüler können im Anschluss eine individuelle Geschichte mit den vorhandenen Wörtern einer Reihe schreiben. Die interessanteste, lustigste o. Ä. wird in einer weiteren Phase gekürt.
- Das Spiel bietet sich für Vertretungsstunden an.

Varianten

- Das Spiel kann auch in Partnerarbeit gespielt werden, indem die beiden Tischnachbarn gemeinsam die Wörter für ihre Gruppe suchen und die Tabelle ausfüllen.
- Ebenso kann in Kleingruppen gespielt werden, dann aber „jeder gegen jeden". Um einen Endsieger zu ermitteln, werden für jede Kategorie Punkte verteilt. Mehrfach genannte Wörter (mindestens zwei Schüler haben das gleiche Wort) zählen 5 Punkte, einfach genannte Wörter (nur ein Schüler hat ein bestimmtes Wort) 10 Punkte. Hat ein Schüler als einziger ein passendes Wort für eine Kategorie, so erhält er 20 Punkte. Der Schüler mit den meisten Punkten gewinnt.

Reflexion

- Welche Buchstaben fielen euch leicht und welche schwer?
- Welche Wortart fandet ihr schwierig, welche leicht? Warum?

Le jeu de la famille et des copains

Lehrerhinweise

Spielart: Zuordnungsspiel

Thema: Familie und Freunde

Ziel: das Vokabular rund um das Thema Familie festigen

Lernjahr: ab 1

Dauer: ca. 15 Minuten

Sozialform: Gruppenarbeit

Material: Bildkarten (KV auf S. 63), Textkarten (KV auf S. 64)

Beschreibung

Kopieren Sie vorab einen Satz Bildkarten (KV auf S. 63) und einen Satz Textkarten (KV auf S. 64) für jede Gruppe. Ziel des Spiels ist die Festigung des Wortschatzes rund um Familie und Freunde. Das Spiel funktioniert ähnlich dem bekannten Gesellschaftsspiel „Memory", wobei die Kartenpaare nicht aus zwei gleichen Bildern, sondern aus einem Bild und der entsprechenden Bezeichnung bestehen, so gehört z. B. *le père* zu dem Bild mit dem Vater. Teilen Sie die Klasse zunächst in Gruppen von ca. vier Schülern ein. Jede Gruppe erhält nun je einen Satz Bild- und Textkarten. Die Karten werden gemischt und mit der Bild- bzw. Textseite nach unten auf dem Tisch ausgelegt. Der Spieler, der beginnt, deckt zwei Karten auf. Passen sie in Bild und Wort zusammen, darf er sie behalten und ist noch einmal an der Reihe. Passen sie nicht zusammen, werden sie wieder verdeckt auf den Tisch gelegt und der nächste Spieler ist dran. Wer am Ende die meisten Pärchen hat, gewinnt.

Hinweise

- Die ausgelegten Karten sollten während des Spiels nicht mehr vermischt werden, damit die Schüler die Pärchen durch aufmerksames Verfolgen des Spiels schneller finden können.
- Stellen Sie schon vor dem Austeilen der Karten Gruppentische zusammen, damit während des Umstellens der Tische oder weil an Einzeltischen nicht genug Platz ist, keine Karten verloren gehen.

Varianten

- Wenn Sie nur wenig Zeit zur Verfügung haben oder die Lerngruppe eher leistungsschwach ist, können Sie die Bildkarten auf der Rückseite (z. B. mit einem Stern) markieren oder die Bilder auf ein farbiges Blatt kopieren, damit beim Spielen Bild- und Wortkarten unterschieden werden können.
- Bei ausreichender Zeit können die Schüler die Wortkarten zu den Bildern selbst erstellen, um sich das zu festigende Vokabular zusätzlich durch das Aufschreiben einzuprägen. Achten Sie dann aber darauf, dass keine Rechtschreibfehler bleiben, wenn das Spiel losgeht.
- Sie können auch eigene Wörter und Bilder hinzufügen, z. B. weitere Haustiere. Besonders persönlich wird das Spiel, wenn die Gruppen Karten mit den eigenen Haustieren erstellen.

Le jeu de la famille et des copains

Kopiervorlage: Bildkarten

Le jeu de la famille et des copains

Kopiervorlage: Textkarten

le frère	la sœur	la mère
la famille	le père	les chats
les copains	la grand-mère	le grand-père
le chien	le hamster	les grands-parents
les lapins	les copines	les parents

Les couleurs

Lehrerhinweise

Spielart: Wettbewerb
Thema: Farben
Ziel: die Farbwörter festigen, die Konzentration fördern
Lernjahr: 1–3

Dauer: ca. 10 Minuten
Sozialform: alle zusammen
Material: Farbenblatt (KV auf S. 66) und farbige Folienstifte

Beschreibung

Kopieren Sie das Farbenblatt (KV auf S. 66) auf eine Folie und malen Sie die Farbwörter mit Folienstiften aus, allerdings so, dass die Farbe zwar eine der genannten Farben auf dem Blatt ist, jedoch nicht mit dem Farbwort, das Sie gerade ausmalen, übereinstimmt. Legen Sie die Folie auf den OHP. Alle Schüler stehen an ihrem Platz. Nun nennt der erste Schüler die Farbe, die bei dem ersten Wort tatsächlich zu sehen (nicht zu lesen!) ist. Bei dem ersten Wort darf also nicht *bleu* gesagt werden, sondern es muss die Farbe genannt werden, in der das Wort „*bleu*" tatsächlich ausgemalt ist. Hat der Schüler die Farbe richtig benannt, darf er stehen bleiben, ansonsten ist er für diese Runde aus dem Spiel und muss sich hinsetzen. Nun ist sein Sitznachbar dran. Das Spiel wird so lange gespielt, bis nur noch der stolze Gewinner steht.

Hinweise

- Achten Sie darauf, dass die Schüler zügig antworten. Wenn das nach Ihrem Ermessen nicht der Fall ist, muss der jeweilige Schüler sich ebenfalls hinsetzen.
- Das Spiel lässt sich mit folgender Aufgabe weiterführen: *Décrivez les vêtements d'une personne de la classe.*

Variante

Die Schüler können auch in Kleingruppen spielen. Hierzu benötigt jede Gruppe eine Farbkopie der Folie. Bei dieser Variante erhöht sich der Lernanteil des einzelnen Schülers, die Spielzeit verkürzt sich jedoch.

Reflexion

- Welche Farben und Farbnuancen kennt ihr außerdem (z. B. *turquois*)?
- Wie lauten die weiblichen Formen der einzelnen Farbwörter?
- Welche Farbwörter unterscheiden nur zwischen Singular und Plural?
- Welche Farbwörter sind unveränderlich?

Les couleurs

Kopiervorlage: Farbenblatt

bleu jaune noir

bleu violet rose

vert jaune violet

rouge jaune bleu

violet rose vert

jaune bleu rouge

violet bleu rose

vert noir bleu vert

jaune rouge violet

Les fringues

Lehrerhinweise

Spielart: Wortspiel
Thema: Kleidungsstücke und Farben
Ziel: das Vokabular zu Kleidungsstücken und Farben wiederholen und festigen, den *accord* bei den Farben üben
Lernjahr: 1–2

Dauer: ca. 30 Minuten
Sozialform: Gruppenarbeit
Material: Spielfeld (KV auf S. 69), Symbolerläuterung und Diktatkarten (KV auf S. 70), 1 Zahlenwürfel (1 bis 6) und 1 Farbwürfel für jede Gruppe, 1 Spielfigur für jeden Schüler

Beschreibung

Kopieren Sie das Spielfeld (KV auf S. 69) sowie die Erläuterungen und die Diktatkarten (KV auf S. 70) einmal für jede 3er- bzw. 4er-Gruppe. Teilen Sie die Schüler in ihre Gruppen ein und geben Sie jeder Gruppe einen Zahlenwürfel und einen Farbwürfel, außerdem jedem Schüler eine Spielfigur.
Zu Spielbeginn stehen alle Figuren auf dem Feld *Départ* und die Diktatkarten liegen verdeckt auf einem Stapel. Ein Spieler würfelt, rückt um die entsprechende Augenzahl vor und erfüllt die angegebene Aufgabe. Bei *Passe ton tour* muss der Schüler in der nächsten Runde aussetzen, während der Auftrag, noch einmal zu würfeln (*Relance le dé*), sofort ausgeführt wird. Die Aufgaben zum Farbwürfel, zu den Kleidungsstücken und zum *Dictée* werden auf der KV „Symbolerläuterung" (KV auf S. 70) erklärt. Entweder soll auf die Frage *Quelle couleur est-ce que tu vois?* (entsprechend der gewürfelten Farbe) oder *Quel vêtement est-ce que tu portes aujourd'hui?* geantwortet oder ein kurzes Diktat (entsprechend der vom Stapel gezogenen Karte) geschrieben werden. Löst der Spieler die ihm gestellte Aufgabe falsch, würfelt er noch einmal und geht die entsprechende Anzahl an Feldern zurück. Die Aufgabe auf diesem Feld muss jedoch nicht gelöst werden, sondern der nächste Spieler ist an der Reihe. Gewonnen hat derjenige, der das *Arrivée*-Feld zuerst erreicht hat.

Hinweise

- Sollten Sie nicht genügend Würfel zur Hand haben, können Sie ebenso gut sechs gleich große Zettel, die mit den Zahlen von 1 bis 6 beschriftet sind, verwenden. Das Ziehen einer Karte ersetzt dann das Würfeln. Gleiches gilt für den Farbwürfel.
- Bei der Beantwortung der Fragen nach Farbe und Kleidungsstück sollen die Schüler einen vollständigen Satz bilden. Die Frage bezieht sich immer auf das Bild auf dem Feld und nicht darauf, was die Schüler an dem Tag tatsächlich tragen.

Les fringues

Lehrerhinweise

Variante

Lassen Sie die Schüler die Sätze für das *Dictée* selbst formulieren und auf von Ihnen vorbereitete Karten schreiben. Dadurch wird das Spiel persönlicher und die Schüler erkennen schon bei der Vorbereitung der Karten, dass sie bei den Sätzen auf den *accord* achten müssen. Das führt dazu, dass sie darüber nachdenken, wie sie besonders schwierige Sätze formulieren können – schließlich wollen sie es den Mitspielern schwer machen, zu gewinnen. Durch diese Überlegungen beschäftigen sie sich bereits jetzt mit Fragen der Reflexionsphase, da sie entscheiden müssen, welche Wörter und Konstruktionen sie besonders schwer finden, um sie in ihren Satz einzufügen. Wenn Sie das eine oder zwei Stunden vor der Spielstunde machen lassen, haben Sie Zeit, alle Sätze in Ruhe zu kontrollieren und die Schüler haben ihren Satz nicht mehr vollständig in Erinnerung – für den Fall, dass ihnen der eigene Satz diktiert werden sollte. Aber selbst, wenn ein Schüler seinen eigenen Satz schreiben muss und sich gut an ihn erinnert, hat auch das den angestrebten Lerneffekt.

Reflexion

- Welche Kleidungsstücke sind einfach zu merken und warum?
- Welche Kleidungswörter sind im Deutschen und im Französischen gleich bzw. ähnlich?
- Welche könnt ihr euch nur sehr schwer merken? Was kann dabei helfen? (Hier könnte eine Antwort sein, Eselsbrücken zu suchen, wenn man darüber nachdenkt, welche Assoziationen man hat, wenn man das Wort hört oder sieht.)
- Welche Farbwörter könnt ihr euch leicht merken und warum?
- Welche Farbwörter sind unveränderlich?
- Welche Farbwörter unterscheiden nur zwischen Singular und Plural?

Wenn Sie, wie in der Variante beschrieben, mit eigenen Sätzen spielen lassen:

- Worauf habt ihr bei der Formulierung eures Satzes geachtet?
- Habt ihr „Stolperstellen" eingebaut?
- Stellten diese wirklich ein Problem für die Mitschüler dar?
- Welche Probleme hatten die Mitschüler mit eurem Satz, die ihr nicht vorhergesehen hattet?

Les fringues

Kopiervorlage: Spielfeld

Départ © Norbert Höveler	© Verlag an der Ruhr	Passe ton tour. © Verlag an der Ruhr	Recule de cinq cases. ←	© Norbert Höveler
© Norbert Höveler	© Verlag an der Ruhr	Avance de trois cases. ←	Dictée © Norbert Höveler	© Norbert Höveler
© Verlag an der Ruhr	© Norbert Höveler	Passe ton tour. © Verlag an der Ruhr	© Norbert Höveler	© Verlag an der Ruhr
Recule de quatre cases. →	Passe ton tour. © Verlag an der Ruhr	© Verlag an der Ruhr	Dictée © Norbert Höveler	© Norbert Höveler
© Norbert Höveler	Dictée © Norbert Höveler	Avance de deux cases. →	Relance le dé. © Verlag an der Ruhr	© Verlag an der Ruhr
© Verlag an der Ruhr	Dictée © Norbert Höveler	Passe ton tour. © Verlag an der Ruhr	© Norbert Höveler	© Norbert Höveler
© Verlag an der Ruhr	Relance le dé. © Verlag an der Ruhr	© Verlag an der Ruhr	Recule de deux cases. ←	© Norbert Höveler
Arrivée © Norbert Höveler	Dictée © Norbert Höveler	Avance de deux cases. ←	Passe ton tour. © Verlag an der Ruhr	© Norbert Höveler

Les fringues

Kopiervorlage: Symbolerläuterung

Les symboles du jeu

	Tâche
© Verlag an der Ruhr	Lance le dé de couleur et réponds à la question: Quelle couleur est-ce que tu vois?
© Norbert Höveler	Regarde l'image dans la case et réponds à la question: Quel vêtement est-ce que tu portes aujourd'hui?
© Norbert Höveler **Dictée**	Un(e) élève de ton groupe prend une carte et lit la phrase. Écris la phrase dans ton cahier. Après, les autres contrôlent.

Kopiervorlage: Diktatkarten

Elle porte une robe bleue.	Je porte un pantalon jaune.
Est-ce que tu aimes ton pull vert?	Ils aiment les baskets noires.
Les filles portent des tee-shirts rouges.	Le garçon n'aime pas ma jupe blanche.
Il porte des chaussures grises.	Je porte aussi une chemise verte.
Tu portes une casquette noire.	La fille porte un jean rose.

© Verlag an der Ruhr | Autoren: Jennifer Mockenhaupt, Simone Nettingsmeier | ISBN 978-3-8346-3815-1
www.verlagruhr.de | Kapitelmotiv © Fyle / Fotolia.com

Le relais

Lehrerhinweise

Spielart: Wettbewerb, Wortspiel

Thema: beliebig, z. B. Kleidung, Wetter, Zahlen

Ziel: Wörter zuordnen (passend zu einem Bild), Wortschatz festigen, die Unterrichtsatmosphäre durch Bewegung auflockern

Lernjahr: ab 1

Dauer: ca. 15 Minuten

Sozialform: Gruppenarbeit

Material: DIN-A3-Blätter mit je einer Vokabel bzw. einem Satz, DIN-A3-Blätter mit zur Vokabel passender Zeichnung, zwei Staffelstäbe, Trillerpfeife, ggf. Frankreichkarte (KV auf S. 74)

Beschreibung

Schreiben Sie die zu lernenden Vokabeln auf DIN-A3-Blätter (ein Wort pro Blatt). Es sollten mindestens zehn Wörter oder Sätze sein, damit das Spiel nicht zu schnell endet. Jedes Wort bzw. jeder Satz muss auf zwei Blätter geschrieben werden – einmal für jede Mannschaft. Da die Wörter/Sätze den Mannschaften zugeordnet werden, sollten die Blätter in zwei verschiedenen Farben beschriftet oder mit einem bestimmten Symbol für jede Mannschaft versehen werden. Die Blätter für die Themen Kleidung und Wetter könnten z. B. so aussehen:

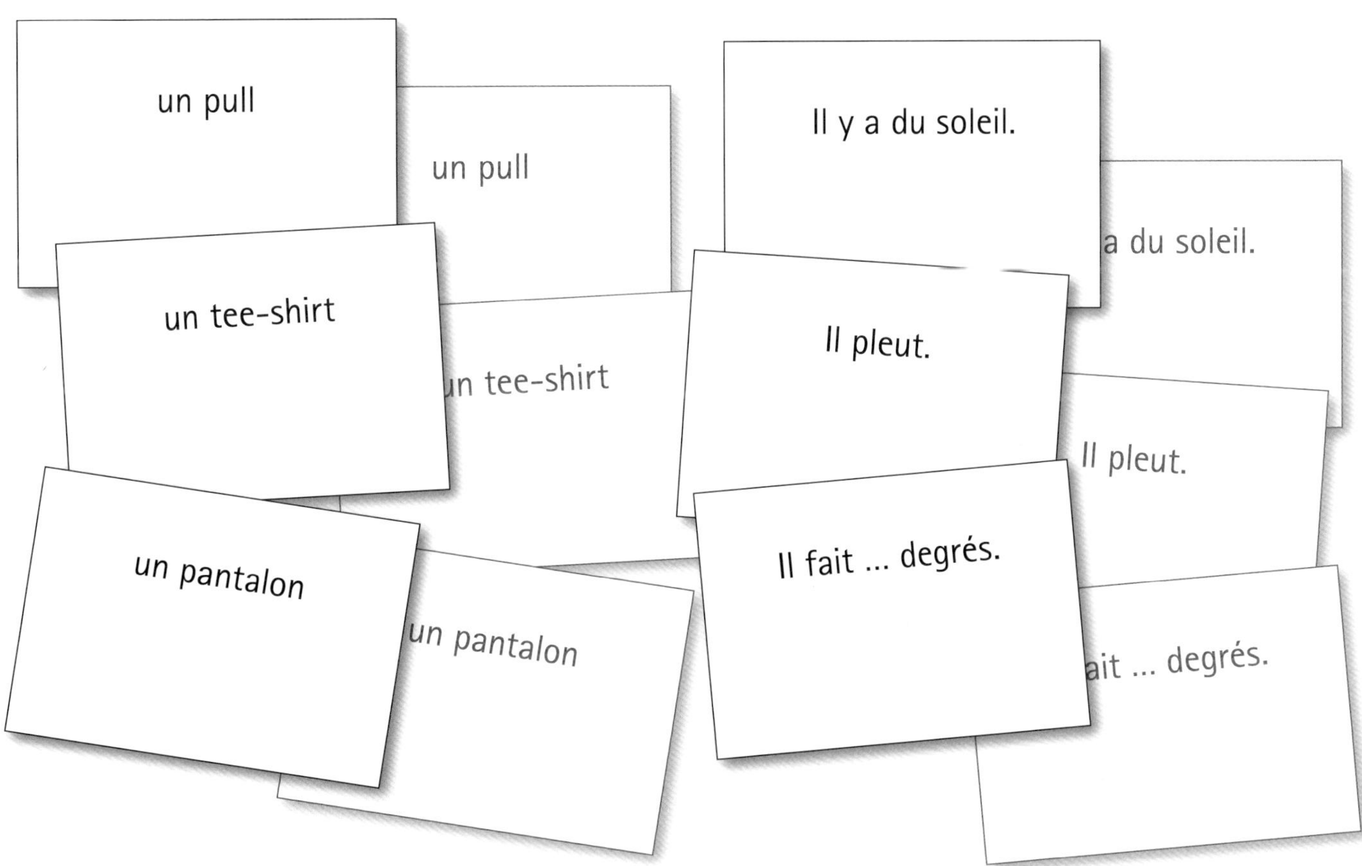

Le relais

Lehrerhinweise

Parallel dazu benötigen Sie Blätter – wiederum in 2-facher Ausführung –, auf denen die entsprechenden Bilder zu den Kleidungsstücken und zum Wetter (Wettersymbole oder Thermometer) zu sehen sind. Diesen Bildern sollen während des Spiels die Begriffe oder Sätze von oben zugeordnet werden. Beispiele:

Haben Sie nun das Thema Wetter gewählt, gehen Sie folgendermaßen vor: Markieren Sie auf dem Schulhof nebeneinander zwei gleich große Spielfelder und teilen Sie die Klasse in zwei Mannschaften ein. Jede Mannschaft stellt sich am Außenrand ihres Spielfelds in einer Reihe hintereinander auf. Auf der gegenüberliegenden Seite der Spielfelder legen Sie für jede Gruppe die Vokabel-/Satzblätter aus. Sie können bunt durcheinandergemischt sein, müssen aber alle schnell lesbar sein und sollten nicht übereinanderliegen. Innerhalb der beiden Spielfelder legen Sie je einen Satz der Bildblätter aus. Sie werden dabei ebenfalls bunt verteilt. Um jedes Bild sollte ausreichend Platz frei bleiben, damit die Schüler das zugehörige Wort-/Satzblatt danebenlegen können.

Nun geht es los: Auf ein Startsignal hin läuft der erste Spieler jeder Mannschaft mit einem Staffelstab in der Hand los, sammelt ein Blatt mit einem Wort/Satz ein und ordnet es in dem Spielfeld seiner Mannschaft dem passenden Bild zu. Anschließend übergibt er dem nächsten Spieler den Staffelstab, der das nächste Wort/den nächsten Satz holt und ablegt. Die Reihenfolge, in der die Begriffe geholt werden müssen, ist nicht festgelegt. Der jeweilige Spieler wählt selbst den Text aus, bei dem er meint, ihn richtig zuordnen zu können.

Le relais

Lehrerhinweise

Das Spiel endet, sobald der letzte Begriff einer Gruppe platziert und der Staffelstab zu den Mitspielern zurückgebracht wurde. Nun werden die Punkte gezählt: Für jeden richtig zugeordneten Begriff gibt es einen Punkt. Für jeden nicht oder falsch zugeordneten Begriff wird ein Punkt abgezogen. Gewonnen hat die Mannschaft mit den meisten Punkten. Zur Kontrolle nach Spielende kann ein Schüler als Spielleiter eingesetzt werden, der die Punkte zählt. Der Lehrer fungiert hier als Berater und Beobachter, falls Fragen auftauchen oder der Spielleiter bei einer Lösung unsicher ist.

Hinweise

- Je nach Größe der Lerngruppe lässt sich auch mit mehr als zwei Mannschaften spielen.
- Klären Sie vor Spielbeginn, ob und inwiefern es erlaubt ist, die Karten der anderen Mannschaft anzufassen oder andere Spieler zu behindern. In solchen Wettbewerbssituationen ist „Schummeln" vorprogrammiert und es sollte keine Streitereien oder sogar Verletzte durch Rangeleien geben.

Varianten

- Wenn Sie das Thema Zahlen wählen, können Sie auf Bildkarten verzichten und für jede Gruppe Blätter mit den Zahlwörtern, z. B. von *un* bis *quatorze*, auf dem Schulhof verteilen. Aufgabe ist es nun, die Zahlen in der richtigen Reihenfolge im vereinbarten Bereich abzulegen.
  Die Zahlen sollen auch in der richtigen Reihenfolge geholt werden: Läufer 1 holt und legt *un* ab, Läufer 2 *deux* usw.
- Spielen Sie das Spiel zum Thema Wetter mit einer überdimensionierten Wetterkarte. Dafür können Sie die KV auf S. 74 größer kopieren und neben den dort markierten Städten (bis zu 14) Wettersymbole oder Temperaturanzeigen einzeichnen oder aufkleben. Hier können Sie die betreffenden Städte benennen lassen und die Schüler auffordern, zur Festigung noch einmal selbst den passenden Satz zum Wetter in der jeweiligen Stadt zu formulieren.
- Für die Kleidung können Sie alternativ, wenn Sie nicht zeichnen bzw. Bilder suchen möchten, Kleidungsstücke mitbringen und auslegen.

Reflexion

- Fielen euch die Zuordnung der Vokabeln/Sätze zu den Bildern mit dem Druck des Wettkampfes leicht oder schwer?
- Welche Vokabeln konntet ihr schon sicher zuordnen, bei welchen besteht noch Übungsbedarf?
- Kennt ihr die Städte, um die es auf der Wetterkarte geht? (Im Beispiel auf der KV sind das: Brest, Le Havre, Calais, Nantes, Paris, Orléans, Lille, Strasbourg, Bordeaux, Lyon, Toulouse, Montpellier, Marseille und Nizza.)

Le relais

Kopiervorlage: Frankreichkarte

Le couple de vocabulaire

Lehrerhinweise

Spielart: Wortspiel
Thema: beliebig
Ziel: Wortpaare finden
Lernjahr: ab 1
Dauer: 15–30 Minuten
Sozialform: alle zusammen
Material: 1 Münze

Beschreibung

In Anlehnung an das bekannte Gesellschaftsspiel „Memory" sollen die Schüler Wortpaare finden. Hier sind die Wörter jedoch nicht auf Karten gedruckt, sondern werden jeweils von zwei Schülern verkörpert.
Zunächst werden zwei Schüler ausgewählt, die den Raum verlassen. Die restlichen Schüler finden sich im Klassenraum zu Paaren zusammen und überlegen sich zwei französische Wörter, die sie als Paar erkennbar machen. Jeder Schüler merkt sich eines dieser beiden Wörter, z. B.: Schüler 1 *père* und Schüler 2 *fils* oder Schüler 1 *monter* und Schüler 2 *descendre*. Um zu prüfen, ob alle Paare eindeutig zugeordnet werden können und keine Doppelungen auftreten, sagen alle Paare einmal im Plenum ihre Wörter auf. Anschließend verteilen sich die Schüler im Raum, damit die Paare nicht schon durch ihre Position erkannt werden können – es wird sozusagen gemischt. Nun werden die beiden Spieler wieder in den Klassenraum geholt und stellen sich nebeneinander vor die Klasse, um gegeneinander anzutreten. Es wird eine Münze geworfen, um zu bestimmen, wer von beiden beginnen darf. Derjenige, der anfängt, nennt nun die Namen zweier Schüler. Diese beiden nennen nacheinander ihre Begriffe und der Spieler muss beurteilen, ob es zwischen den Wörtern einen Zusammenhang gibt oder nicht. Passen die Wörter zusammen, hat der Spieler ein Pärchen gefunden und darf zwei weitere Schüler auffordern, ihre Wörter zu nennen. Bilden die beiden Schüler kein Paar, ist der zweite Spieler an der Reihe und wählt zwei Schüler aus. Gewonnen hat derjenige, der am Ende die meisten Pärchen gefunden hat.

Variante

Spielen Sie das Spiel mit zusammengesetzten Wörtern, von denen Spieler 1 das erste und Spieler 2 das zweite Wort nennt, z. B. *chou-fleur* oder *lave-vaisselle*.

Reflexion

Besprechen Sie am Ende die Kriterien, nach denen die Wörter der Paare dieser Runde zusammengepasst haben (z. B. Wortfelder, Synonyme, Antonyme usw.). So geben Sie den Schülern neue Ideen für die nächste Runde oder das nächste Mal.

Lieux et métiers

Lehrerhinweise

Spielart: Regelspiel

Thema: Orte und Berufe, Präpositionen

Ziel: Festigung der Präpositionen *chez* und *à* (*au, à l', à la, aux*)

Lernjahr: 1–2

Dauer: 15–20 Minuten

Sozialform: alle zusammen

Material: 1 Ball, Folie mit Orten und Berufen (KV auf S. 77), 1 DIN-A4-Blatt für jeden Schüler

Beschreibung

Schreiben Sie zur Vorbereitung für jeden Schüler einen der Orte oder der Berufe von der Liste (KV auf S. 77) auf ein DIN-A4-Blatt. Lassen Sie dabei aber die Präpositionen weg. Die Doppelung von Orten und Berufen ist im Sinne des wiederholenden Lernens durchaus sinnvoll. Bilden Sie mit der Klasse einen Stuhlkreis. Jeder erhält einen der vorbereiteten Zettel und legt ihn sichtbar vor sich auf den Boden. Nun zeigen Sie auf Ihr Blatt, auf dem z. B. „*boulangerie*" steht, und sagen: „*Je suis à la boulangerie*". Dann fahren Sie fort mit „*Je vais à l'épicerie*" und werfen demjenigen Schüler den Ball zu, der den Zettel mit *épicerie* vor sich liegen hat. Dieser ist nun an der Reihe und beginnt mit „*Je suis à l'épicerie*" und fährt dann fort: „*Je vais chez le médecin*". Dann wirft er dem entsprechenden Mitschüler den Ball zu. Die „abgearbeiteten" Blätter werden jeweils umgedreht, damit erkennbar ist, wer schon an der Reihe war. Sollte ein weiteres Mal gespiel werden, können die Blätter dafür untereinander getauscht werden.

Hinweise

- Es empfiehlt sich, Fehler direkt zu spiegeln, da es bei diesem Spiel auf die grammatikalische Richtigkeit ankommt. Jeder Schüler sollte seinen Satz einmal richtig formuliert und ausgesprochen haben, bevor er den Ball weiterwirft.
- Zur Festigung wäre es, v. a. für den visuellen Lerntyp, hilfreich, die korrekten Konstruktionen anschließend auf einer Folie zu präsentieren (KV auf S. 77).
- Statt auf Folie können Sie die Konstruktionen auch an die Tafel schreiben (links *à*, rechts *chez*), um die Fehler dann durch Auf- und Zuklappen „spielend" visuell zu berichtigen.

Varianten

- Falls die Berufsbezeichnungen noch nicht thematisiert wurden, kann das Spiel auch nur mit Orten durchgeführt werden.
- Um mehr Bewegung zuzulassen, können auch die Plätze getauscht werden, statt den Ball zu verwenden.

Lieux et métiers

Kopiervorlage: Orte und Berufe

Les lieux (mögliche Orte)	**Les métiers et personnes** (mögliche Berufe/Personen)
Je suis/vais ...	Je suis/vais ...
au supermarché	**chez** le/la marchand(e)
au marché aux puces	**chez** le/la marchand(e)
au garage automobile	**chez** le garagiste
à l'office de tourisme	**chez** le fonctionnaire
à l'école	**chez** le prof
à l'épicerie	**chez** l'épicier/l'épicière
à l'hôpital	**chez** le médecin/le docteur
à l'aéroport	**chez** le pilote
à la maison de Luc	**chez** mon copain
à la boucherie	**chez** le boucher/la bouchère
à la boulangerie	**chez** le boulanger/la boulangère
à la poste	**chez** le facteur
aux Galeries Lafayette	**chez** le/la marchand(e)
aux toilettes	**chez** moi

Les lettres de la Tour Eiffel

Lehrerhinweise

Spielart: Wortspiel

Thema: beliebig, z. B. Vokabeln der letzten *unité*

Ziel: Rechtschreibung üben, das französische Alphabet festigen und wiederholen

Lernjahr: ab 1

Dauer: 10–20 Minuten

Sozialform: Gruppen- oder Partnerarbeit

Material: –

Beschreibung

Teilen Sie die Klasse zunächst in kleine Gruppen von zwei bis vier Schülern ein.
Wie beim bekannten Spiel „Galgenmännchen" wird pro Gruppe ein Schüler ausgewählt, der beginnt, indem er sich ein Wort ausdenkt und für jeden Buchstaben des Wortes einen horizontalen Strich auf ein Blatt zeichnet. Die übrigen Schüler nennen dann Buchstaben (natürlich auf Französisch). Kommt der genannte Buchstabe im gesuchten Wort vor, wird er auf dem Strich an der richtigen Stelle eingetragen. Kommt er nicht vor, wird der erste Strich des Eiffelturms gezeichnet, der mit jedem falschen Buchstaben immer deutlicher zu erkennen ist (s. u.). Wenn der Turm vollständig ist, ist die Spielrunde beendet. In diesem Fall hat der Schüler, der sich das Wort ausgedacht hat, die Runde gewonnen und bekommt einen Punkt. Wird das Wort von einem Mitschüler in seiner Gruppe erraten, so erhält der Mitschüler den Punkt. Dann ist der nächste Schüler an der Reihe und das Spiel beginnt von vorn. Am Ende gewinnt der Schüler bzw. die Mannschaft mit den meisten Punkten.

Les lettres de la Tour Eiffel

Lehrerhinweise

Hinweise

- Es sollte vorher geklärt werden, ob Buchstaben mit *accents* als eigene Buchstaben zu behandeln sind, was sicherlich sinnvoll ist, da die Schüler häufig Probleme mit den *accents* haben.
- Außerdem empfiehlt es sich, das Alphabet vorher kurz zu wiederholen, da durch die Gruppen- bzw. Partnerarbeit viele Schüler gleichzeitig sprechen und die Kontrolle der Aussprache durch den Lehrer natürlich nicht in allen Gruppen gleichzeitig erfolgen kann. So erhalten die Schüler mehr Sicherheit für die eigenen Äußerungen und sind auch in der Lage, sich gegenseitig zu korrigieren.

Varianten

- *Les lettres de la Tour Eiffel* eignet sich auch gut zum Spiel im Plenum, um z. B. die letzten Minuten am Ende einer Stunde sinnvoll zu nutzen. An der Tafel geht es meist schneller als in Gruppen- oder Partnerarbeit, da keine Partner gefunden und weder Stifte noch Blätter zusammengesucht werden müssen.
- Natürlich kann auch weiterhin das altbekannte Galgenmännchen (*le pendu*) gezeichnet werden.

Reflexion

Den Schülern wird sicher nach und nach auffallen, dass besonders lange Wörter, entgegen ihrer Annahme, oft leichter zu erraten sind als kurze. Thematisieren Sie, welche Bedingungen ein Wort erfüllen muss, um schwer zu erraten zu sein:

- Welche Wörter waren schwer zu erraten und welche leicht? Warum?
- Welche Buchstaben kamen in den Wörtern besonders häufig vor?
- Wie ist das im Deutschen?

Les phrases en cercle I

Lehrerhinweise

Spielart: Zuordnungsspiel, Regelspiel

Thema: sich vorstellen, Fragen stellen

Ziel: Leseverstehen und Satzbildung schulen

Lernjahr: 1–2

Dauer: ca. 10 Minuten

Sozialform: Partner- oder Gruppenarbeit

Material: Dominokarten mit Lösungen (KV auf S. 82 – 85)

Beschreibung

Wählen Sie eine der beiden Spiel-Varianten aus und kopieren Sie die zugehörigen Dominokarten (KV auf S. 82 oder KV auf S. 84) einmal für jede Gruppe. Die Schüler finden sich in Paaren oder Kleingruppen zusammen, an die Sie jeweils ein Set Dominokarten austeilen. Ziel ist es, die Karten so aneinanderzulegen, dass sinnvolle Sätze entstehen. Die Trennung erfolgt in Spiel 1 mitten im Satz, sodass auf den Sinn der Satzhälften geachtet werden muss und die Teile so zusammengesetzt werden, dass vollständige Sätze entstehen. Das ist nur auf eine Art und Weise möglich, weil die Sätze an verschiedenen Stellen getrennt wurden und daher nicht das Problem entsteht, dass es mehrere Möglichkeiten der Zuordnung gibt. Bei Spiel 2 geht es um Fragen, die den passenden Antworten zugeordnet werden sollen. Zu diesem Zweck steht auf jeder Karte ein vollständiger Satz, d. h. eine Frage oder eine Antwort. Die Zuordnung ist auch hier wieder eindeutig, da jede Art der Anwort nur zu einer Frage passt. Die Sätze ergeben keine zusammenhängende Geschichte, damit die Schüler sich weniger am Inhalt und mehr an den Fragen orientieren. Am Ende passt bei beiden Spielen die letzte Karte wieder zur ersten, sodass man an jeder beliebigen Stelle beginnen kann.
Um eine Wettbewerbssituation zu schaffen, kann für das Team, das am schnellsten fertig ist und alle Teile richtig zusammengefügt hat, ein Preis ausgeschrieben werden.

Hinweise

- Das Spiel eignet sich besonders für die Anfangsphase des Sprachenlernens, da die Schüler häufig Probleme haben, zu erkennen, ob die Sätze vollständig sind, und z. B. häufig das Verb vergessen. Sie entwickeln auf diese Weise ein Gespür für den Satzbau der Fremdsprache und lernen auch schon mit komplexeren Sätzen umzugehen.
- Als Möglichkeit der Selbstkontrolle gibt es jeweils ein Lösungsblatt (KV auf S. 83 und KV auf S. 85), das Sie den Schülern kopieren und auslegen bzw. austeilen können.

- Wenn genügend Zeit zur Verfügung steht, können die Schüler eigene Dominos erstellen, bei denen sie auf die Eindeutigkeit der Zuordnung achten müssen. Hier ist allerdings schon nach einer kurzen Einarbeitungsphase eine Reflexion nötig, um die Schüler für die Anforderungen zu sensibilisieren und ihnen zu helfen, Ideen zur Vorgehensweise zu entwickeln. Diese Aufgabe könnte auch zur Differenzierung verwendet werden, indem nur die starken Schüler eigene Dominos erstellen oder die Leitung einer Gruppe übernehmen, sodass am Ende alle Schüler an der Entwicklung der Spiele teilhaben können.

Variante

Wenn Sie aus den auf der KV vorgegebenen oder aus selbst gewählten Sätzen eigene Dominokarten erstellen, bei denen Sie jeden Satz zwischen dem Stamm und der Endung des Verbs trennen (z. B. *J'habit- + -e à Paris*), haben Sie ein Grammatikspiel. Um auch hier die Eindeutigkeit zu gewährleisten, sollte jeder Satz ein anderes Subjekt haben. Da so allerdings die Anzahl der Karten sehr begrenzt ist und die Verbformen zum Teil identisch sind (*je mange – il mange* oder *je viens – tu viens*), kann die Eindeutigkeit auch durch den Inhalt der Sätze erreicht werden. In diesem Falle sollten die Karten eine zusammenhängende Geschichte ergeben.

Reflexion

Nach dem Spielen bietet sich eine Reflexion über die Strategien beim Zusammensetzen der Teile an, sofern die Strategien nicht bereits zu Beginn des Spiels transparent gemacht wurden. Des Weiteren können Schwierigkeiten thematisiert und Tipps zur Lösung der Probleme von den Mitschülern gesammelt werden werden:

- Was war besonders leicht, was besonders schwer? Warum?
- Wie seid ihr mit möglichen Schwierigkeiten umgegangen? Was hat euch geholfen?
- Welche Strategien habt ihr beim Zusammensetzen der Teile angewendet?

Les phrases en cercle I

Kopiervorlage: Dominokarten 1

un magasin.	Dans le magasin, il y a	Max.	J'ai douze ans et
j'habite à Paris.	J'ai	des t-shirts.	Salut
a deux ans.	J'aime	frère, Maurice.	Maurice
et au revoir.	Je m'appelle	s'appelle Marie.	J'ai aussi un
une sœur.	Elle	mon frère et le foot.	Ma grand-mère a

Kopiervorlage: Dominokarten 1

un magasin.	Dans le magasin, il y a	Max.	J'ai douze ans et
j'habite à Paris.	J'ai	des t-shirts.	Salut
a deux ans.	J'aime	frère, Maurice.	Maurice
et au revoir.	Je m'appelle	s'appelle Marie.	J'ai aussi un
une sœur.	Elle	mon frère et le foot.	Ma grand-mère a

Les phrases en cercle I

Kopiervorlage: Dominokarten 1 – Lösung

et au revoir.	Je m'appelle
j'habite à Paris.	J'ai
s'appelle Marie.	J'ai aussi un
a deux ans.	J'aime
un magasin.	Dans le magasin, il y a

Max.	J'ai douze ans et
une sœur.	Elle
frère, Maurice.	Maurice
mon frère et le foot.	Ma grand-mère a
des t-shirts.	Salut

Kopiervorlage: Dominokarten 1 – Lösung

et au revoir.	Je m'appelle
j'habite à Paris.	J'ai
s'appelle Marie.	J'ai aussi un
a deux ans.	J'aime
un magasin.	Dans le magasin, il y a

Max.	J'ai douze ans et
une sœur.	Elle
frère, Maurice.	Maurice
mon frère et le foot.	Ma grand-mère a
des t-shirts.	Salut

Les phrases en cercle I

Kopiervorlage: Dominokarten 2

Non, je ne vais pas à l'école aujourd'hui.	Pourquoi?	Peut-être qu'on peut aller au cinéma.	Qu'est-ce que tu vas faire demain?
J'ai un chien et un chat.	Qu'est-ce que tu en penses?	Non.	Est-ce qu'on va à l'école ensemble?
Je reste au lit.	Qu'est-ce qu'il y a dans ta chambre?	Je prends le bus.	Tu as quel âge?
Il y a un ordinateur et des jeux.	Comment est-ce que tu vas à l'école?	Parce que je suis malade.	Qu'est-ce que tu fais?
Je vais jouer avec ma copine.	Est-ce que tu as des frères et sœurs?	J'ai treize ans.	Quels animaux est-ce que tu as?

Kopiervorlage: Dominokarten 2

Non, je ne vais pas à l'école aujourd'hui.	Pourquoi?	Peut-être qu'on peut aller au cinéma.	Qu'est-ce que tu vas faire demain?
J'ai un chien et un chat.	Qu'est-ce que tu en penses?	Non.	Est-ce qu'on va à l'école ensemble?
Je reste au lit.	Qu'est-ce qu'il y a dans ta chambre?	Je prends le bus.	Tu as quel âge?
Il y a un ordinateur et des jeux.	Comment est-ce que tu vas à l'école?	Parce que je suis malade.	Qu'est-ce que tu fais?
Je vais jouer avec ma copine.	Est-ce que tu as des frères et sœurs?	J'ai treize ans.	Quels animaux est-ce que tu as?

Les phrases en cercle I

Kopiervorlage: Dominokarten 2 – Lösung

Non, je ne vais pas à l'école aujourd'hui.	Pourquoi?	Parce que je suis malade.	Qu'est-ce que tu fais?
Je reste au lit.	Qu'est-ce qu'il y a dans ta chambre?	Il y a un ordinateur et des jeux.	Comment est-ce que tu vas à l'école?
Je prends le bus.	Tu as quel âge?	J'ai treize ans.	Quels animaux est-ce que tu as?
J'ai un chien et un chat.	Qu'est-ce qu'on peut faire ce soir?	Peut-être qu'on peut aller au cinéma.	Qu'est-ce que tu vas faire demain?
Je vais jouer avec ma copine.	Est-ce que tu as des frères et sœurs?	Non.	Est-ce qu'on va à l'école ensemble?

Kopiervorlage: Dominokarten 2 – Lösung

Non, je ne vais pas à l'école aujourd'hui.	Pourquoi?	Parce que je suis malade.	Qu'est-ce que tu fais?
Je reste au lit.	Qu'est-ce qu'il y a dans ta chambre?	Il y a un ordinateur et des jeux.	Comment est-ce que tu vas à l'école?
Je prends le bus.	Tu as quel âge?	J'ai treize ans.	Quels animaux est-ce que tu as?
J'ai un chien et un chat.	Qu'est-ce qu'on peut faire ce soir?	Peut-être qu'on peut aller au cinéma.	Qu'est-ce que tu vas faire demain?
Je vais jouer avec ma copine.	Est-ce que tu as des frères et sœurs?	Non.	Est-ce qu'on va à l'école ensemble?

Les phrases en cercle II

Lehrerhinweise

Spielart: Zuordnungsspiel

Thema: *l'amitié franco-allemande*

Ziel: Leseverstehen und Satzbildung schulen

Lernjahr: ab 5

Dauer: ca. 10 Minuten

Sozialform: Partner- oder Gruppenarbeit

Material: Satzkarten (KV auf S. 87), Satzkarten-Lösung (KV auf S. 88)

Beschreibung

Kopieren Sie entweder die Satzkarten (KV auf S. 87) oder nehmen Sie einen eigenen Text, den Sie an ausgewählten Stellen unterteilen und entsprechend zurechtschneiden. Teilen Sie die Schüler in 2er- oder Kleingruppen ein. Ziel des Spiels ist es, die „Puzzleteile" so untereinanderzulegen, dass sinnvolle Sätze und damit auch wieder ein sinnvoller Text entsteht. Die Lösung zur *amitié franco-allemande* können Sie auf der KV (auf S. 88) ablesen. Das Spiel soll dabei helfen, das oft mühsame Lesen eines französischen Textes aufzulockern und die Schüler für Textzusammenhänge und für Wendungen und Strukturen beim Bilden komplexer Sätze zu sensibilisieren. Um eine Wettbewerbssituation zu schaffen, kann ein Preis ausgeschrieben werden.

Hinweise

- Die Trennung der einzelnen Textteile im Beispiel erfolgt sowohl mitten im Satz als auch am Satzanfang und am Satzende. In geeigneten Texten kann so auch der Umgang mit Verbindungswörtern geschult werden, indem z. B. der Text mit *d'abord* beginnt oder auf eine Feststellung ein passender Gegensatz mit *mais* folgt.
- Als Möglichkeit der Selbstkontrolle gibt es ein Lösungsblatt (KV auf S. 88).

Varianten

- Verwenden Sie verschiedene Texte zum Thema und fordern Sie die Schüler auf, in Gruppen je einen davon zu puzzeln und inhaltlich zu erschließen, um ihn anschließend den anderen Gruppen zu präsentieren.
- Ebenso ist es möglich, dass sich die Texte der einzelnen Gruppen zu einem längeren Text ergänzen. Dann müssen sich die Gruppen nach dem Puzzeln des eigenen Textes so zwischen den anderen positionieren, dass ein sinnvoller Gesamttext entsteht. Besonders interessant wird es, wenn es mehr als eine Möglichkeit gibt, die Teile zusammenzufügen.

Reflexion

Nach dem Spielen bietet sich eine Reflexion über die Strategien beim Zusammensetzen der Teile an. Des Weiteren können häufige Fehler beim Zusammensetzen und die gewonnenen Erkenntnisse hinsichtlich der Satzbildung gemeinsam oder von jedem Schüler individuell notiert werden.

Les phrases en cercle II

Kopiervorlage: Satzkarten

les accepte. Ils viennent en 72 avec l'Irlande et le Danemark. La communauté a la Grèce,	En commençant par le concret, les matières premières: le charbon et l'acier. Jean Monet, Robert Schumann et Konrad Adenauer pensent leur mise en commun pour
de rajouter quelques préfabriqués. Chacun sent qu'il faut faire plus et autrement: L'histoire de la constitution européenne commence.	politique, avec une armée européenne. Elle échoue en 1954. On passera donc par l'économie. Spaak,
La construction européenne a commencé il y a plus de 50 ans. Elle est le fruit de la volonté des hommes conjugée au chaos des évènements. Plus jamais ça! Mais comment s'y prendre?	La maison n'a pas été prévue pour autant d'habitants. Il faut la modifier. Le traité de Nice se contente
puis l'Espagne et le Portugal en 85. 10 ans après, Suède, Finlande, Autriche suivent. L'Europe s'agrandit. 1992: Maastricht voit la naissance de l'Euro, portée par	réconcilier l'Allemagne et la France. Le Benelux et l'Italie les
rejoignent, l'aventure européenne est lancée. L'étape suivante devait être	la volonté commune de Mitterrand et de Kohl – un approfondissement dans la droite ligne du marché unique voulue en 86 par Delors. La chute de l'union Soviétique, la libération des pays de l'Est permet au continent de s'unifier. Tous les pays qui sortent de la domination soviétique veulent rejoindre l'Union européenne.
socialiste belge, lance le marché commun. Le traité fondateur est signé à Rome en 57. La troisième phase sera celle de l'élargissement. De Gaulle refuse les Britanniques, Pompidou	

Les phrases en cercle II

Kopiervorlage: Satzkarten – Lösung

❶ La construction européenne a commencé il y a plus de 50 ans. Elle est le fruit de la volonté des hommes conjugée au chaos des évènements. Plus jamais ça! Mais comment s'y prendre?	❼ les accepte. Ils viennent en 72 avec l'Irlande et le Danemark. La communauté accueille la Grèce,
❷ En commençant par le concret, les matières premières: le charbon et l'acier. Jean Monet, Robert Schumann et Konrad Adenauer pensent leur mise en commun pour	❽ puis l'Espagne et le Portugal en 85. 10 ans après, Suède, Finlande, Autriche suivent. L'Europe s'agrandit. 1992: Maastricht voit la naissance de l'Euro, portée par
❸ réconcilier l'Allemagne et la France. Le Benelux et l'Italie les	❾ la volonté commune de Mitterrand et de Kohl – un approfondissement dans la droite ligne du marché unique voulue en 86 par Delors. La chute de l'union Soviétique, la libération des pays de l'Est permet au continent de s'unifier. Tous les pays qui sortent de la domination soviétique veulent rejoindre l'Union européenne.
❹ rejoignent, l'aventure européenne est lancée. L'étape suivante devait être	
❺ politique, avec une armée européenne. Elle échoue en 1954. On passera donc par l'économie. Spaak,	❿ La maison n'a pas été prévue pour autant d'habitants. Il faut la modifier. Le traité de Nice se contente
❻ socialiste belge, lance le marché commun. Le traité fondateur est signé à Rome en 57. La troisième phase sera celle de l'élargissement. De Gaulle refuse les Britanniques, Pompidou	⓫ de rajouter quelques préfabriqués. Chacun sent qu'il faut faire plus et autrement: L'histoire de la constitution européenne commence.

Qui est-ce qui ...?

Lehrerhinweise

Spielart: Kommunikationsspiel

Thema: beliebig, z. B. Familie, Hobbys, Aktivitäten in der Vergangenheit

Ziel: den Unterricht durch Bewegung auflockern

Lernjahr: ab 2

Dauer: ca. 10 Minuten

Sozialform: alle zusammen

Material: –

Beschreibung

Die Schüler bilden einen Stuhlkreis, bei dem es einen Stuhl weniger gibt, als Schüler in der Klasse sind. Der Schüler ohne Stuhl steht in der Mitte und stellt an die Gruppe eine Frage, die mit *Qui (est-ce qui)* beginnt, z. B. *Qui (est-ce qui) a des frères et sœurs?* Nun muss jeder Schüler, der Geschwister hat, seinen Platz verlassen, um sich auf einen anderen, frei werdenden Stuhl, zu setzen. Der Schüler in der Mitte versucht ebenfalls, sich auf einen Stuhl zu setzen. Derjenige, der es nicht rechtzeitig schaffte, einen Stuhl zu ergattern, stellt die nächste Frage an die Gruppe. Entscheiden Sie je nach Spielverlauf und -dauer, wann das Spiel beendet wird.

Hinweise

- Um den Spielfluss nicht zu unterbrechen, sollten sprachliche Fehler erst am Ende im Plenum besprochen werden. Sollten gravierende Fehler häufiger auftauchen, wird das Spiel für die Korrektur kurzzeitig gestoppt.
- Für schwächere Schüler sollte der Satzbau im Zusammenhang mit dem Fragepronomen *Qui (est-ce qui)* im Vorfeld noch einmal an der Tafel besprochen werden.
- Auch die Formen des *passé composé* sollten ggf. noch einmal thematisiert werden, da sie die Fragefindung erleichtern, denn damit lassen sich Handlungen in der Vergangenheit erfragen, z. B. *Qui est-ce qui a bu du lait au petit déjeuner?*

Reflexion

- Welche Fragen fielen euch leicht? Warum?
- Bei welchen Fragen habt ihr sprachliche Fehler gemacht? Was waren das für Fehler?

Dix en tout

Lehrerhinweise

Spielart: Schreibspiel

Thema: eine Geschichte erzählen

Ziel: das freie Schreiben und die Kreativität fördern

Lernjahr: ab 1

Dauer: 20–30 Minuten

Sozialform: Partner- oder Gruppenarbeit

Material: –

Beschreibung

Schreiben Sie zehn französische Wörter an die Tafel. Die Schüler sollen nun im 2er-Team oder als Gruppe mithilfe dieser Wörter eine kleine Geschichte verfassen, wobei die Reihenfolge, in der die Wörter eingebaut werden, beliebig ist. Wählen Sie nur Substantive aus oder mischen Sie die Wortarten, indem Sie z. B. Verben, Adjektive und Adverbien vorgeben, hier ein Beispiel: *la mère – travailler – l'école – la cantine – la danse – beaucoup – le jus de fruit – les truffes au chocolat – petit – adorer qc.*

Die Präsentation und Würdigung der Geschichten kann unterschiedlich ausfallen: Einzelne Schüler lesen ihre Geschichten vor, sämtliche Geschichten werden an die Wand gehängt (Museumsrundgang), die „besten" Geschichten werden gekürt, die Schüler tauschen ihre Geschichten untereinander und korrigieren die Fehler des bzw. der anderen usw.

Hinweise

- Je mehr Wortarten angegeben werden, desto ähnlicher werden häufig die Geschichten.
- Sie können auf verschiedene Fehlertypen eingehen, indem Sie während des Schreibprozesses Fehler sammeln und diese im Anschluss mittels OHP o. Ä. im Plenum besprechen.

Varianten

- Variieren Sie die Anzahl der Wörter, um den Schwierigkeitsgrad zu verringern oder zu erhöhen.
- Es können Satzverknüpfungselemente beim Schreiben eingefordert werden.
- Nicht Sie als Lehrer, sondern ein oder mehrere Schüler suchen Wörter aus dem Buch heraus. Noch persönlicher wird das Schreiben, wenn jeder Schüler seinem Sitznachbarn Wörter heraussucht, die dann zu einer Geschichte verarbeitet werden müssen.
- Die Schüler können auch eine Geschichte mit offenem Ende schreiben. Die Geschichten werden untereinander ausgetauscht und von einer anderen Gruppe weitergeschrieben. Für das Ende der Geschichte können Sie Vorgaben machen, z. B. ein trauriger, spannender, lustiger oder emotionaler Ausgang.

Reflexion

Welche Geschichte gefällt euch am besten? Warum?

Une mémoire d'éléphant

Lehrerhinweise

Spielart: Schreibspiel

Thema: einen Text aus dem Gedächtnis niederschreiben

Ziel: den französischen Satzbau verinnerlichen, Fehler erkennen

Lernjahr: ab 1

Dauer: 20–30 Minuten

Sozialform: Einzelarbeit

Material: beliebiger Textausschnitt als vergrößerte Kopie (4–5) und unvergrößert im Klassensatz, ggf. Kreppband

Beschreibung

Kopieren Sie einen Textausschnitt Ihrer Wahl im Klassensatz und außerdem in leicht vergrößerter Form, je nach Kursgröße ca. 4- bis 5-mal, und verteilen Sie die vergrößerten Kopien im Raum, indem Sie sie z. B. mit Kreppband an den Wänden befestigen, sodass sie für alle Schüler leicht zugänglich sind.

Nun werden die Schüler zum Laufdiktat aufgefordert, d. h., sie gehen zu einem der Texte und merken sich den ersten Satz oder einen Teil des Satzes, um ihn dann an ihrem Platz niederzuschreiben. So verfahren sie, bis sie den ganzen Text fertig geschrieben haben oder bis die vorher vereinbarte Zeit abgelaufen ist. Danach werden die Laufdiktate auf Fehler korrigiert: Zur Korrektur teilen Sie den Textausschnitt an jeden Schüler aus.

Hinweis

Es empfiehlt sich, maximal einen vergrößerten Textausschnitt für vier Schüler im Raum liegen bzw. hängen zu haben. Bei mehr als vier Schülern pro Blatt ist es in der Regel kaum möglich, in Ruhe auf den Textausschnitt zu schauen.

Varianten

- Die Schüler korrigieren im Anschluss gegenseitig ihre Laufdiktate.
- Sie sammeln die Laufdiktate ein und korrigieren sie.
- Statt des Laufdiktates können sich die Schüler die Textvorlage abschnittsweise diktieren.

Reflexion

- Mit welchen Stellen oder Wörtern im Text hattet ihr mit der Schreibung Schwierigkeiten und welche fielen euch leicht? Warum?
- Welche Passagen konntet ihr euch gut merken? Welche nicht so gut?

Jeu de révision

Lehrerhinweise

Spielart:	Kommunikations- und Regelspiel	**Dauer:**	ca. 45 Minuten
Thema:	bereits behandelter Lernstoff	**Sozialform:**	Gruppenarbeit
Ziel:	den aktuellen und vergangenen Lehrstoff (Grammatik, Wortschatz usw.) wiederholen und festigen	**Material:**	1 Spielplan (KV auf S. 94), 1 Satz Aktionskarten (KV auf S. 95 f.), 1 Satz Dialogkarten (KV auf S. 99) und 1 Würfel für jede Gruppe
Lernjahr:	1–4		

Beschreibung

Kopieren Sie vorab den Spielplan und die Aktionskarten sowie die Dialogkarten einmal für jede Gruppe. Die Gruppen (mit drei bis fünf Schülern) breiten den Spielplan vor sich aus und legen beide Kartensätze verdeckt als zwei Stapel auf den Tisch.
Dieses Spiel funktioniert wie die meisten Brettspiele mit den Feldern Start, Ziel und Aktion: Alle Spieler legen ihre Spielfigur (z. B. ein Radiergummi oder eine Münze) auf das Startfeld *Départ*. Danach würfeln sie der Reihe nach und rücken auf dem Spielplan um die entsprechende Augenzahl vor. Je nach Feld sind unterschiedliche Aufgaben zu erfüllen:

Kreis: Es passiert nichts. Der nächste Spieler ist an der Reihe. Falls ein Pfeil zu einem anderen Kreis zeigt, muss der Spieler seine Spielfigur auf den entsprechenden Kreis zurückstellen.

Quadrat *Au Travail!***:** Der rechte Sitznachbar (NICHT der Spieler selbst, da die Lösungen auf den Aktionskarten angegeben sind) zieht eine Aktionskarte *Au travail!* vom Stapel und stellt die entsprechende Aufgabe. Löst sein Mitspieler diese Aufgabe in den Augen seiner Mitschüler angemessen, bleibt er auf dem Feld stehen. Wird die Aufgabe nicht angemessen ausgeführt, muss der Mitspieler zwei Felder zurückgehen. Die Aktionskarte wird wieder zurück unter den Stapel gemischt.

Wolke *À jouer.***:** Landet ein Spieler auf diesem Feld, zieht er eine Dialogkarte und spielt mit allen oder einigen Gruppenmitgliedern das entsprechende *Jeu de rôle*.
Gewinner ist derjenige, der als erster ins Ziel gelangt.

Jeu de révision

Hinweise

- Die Gruppenzusammenstellung sollte gut überdacht werden. Es empfiehlt sich, in jeder Gruppe mindestens einen leistungsstarken Schüler zu haben.
- Wenn Sie das Spiel in frühen Lernjahren einsetzen, sollten Sie alle Karten aussortieren, die die Schüler bis dahin noch nicht bewältigen können.
- Vor Beginn des Spiels sollten die unterschiedlichen Aufgabenbereiche *(Traduis, Énumère, Conjugue* usw.) an der Tafel besprochen werden, um zum einen sicherzustellen, dass die Aufgaben korrekt durchgeführt werden, und zum anderen das Sprechen in der Fremdsprache zu fördern.
- Sie sollten sich in gewissen Abständen zu den Gruppen setzen, um zu unterstützen und zu überprüfen, ob die Gruppen richtig vorgehen.

Varianten

- Die Aufgabengebiete können je nach Lernstand und Intention variiert werden. Anstatt der unterschiedlichen *Au travail!*-Aufgaben können auch einfache Vokabelübersetzungen (bzw. Satz für Satz) aus dem Lehrbuch der Schüler genommen werden. Hierfür müssen Sie nicht zwingend neue Karten erstellen, sondern die Schüler können die Vokabelseiten ihres Buches als Materialgrundlage nehmen.
- Wer eine 6 würfelt, macht mit einem beliebigen Partner aus der Gruppe ein Tandem (z. B. *Ça fait combien?*, s. S. 57 ff., oder dem Lernstand entsprechend ein Tandem aus dem Lehrwerk).
- Um einen langfristigen Lerneffekt zu erzielen, können auch Lektionseinheiten behandelt werden, die schon weit zurückliegen (z. B. aus dem vorangegangenen Lehrwerk).
- Wer einen Fehler macht, muss z. B. fünf Liegestütze machen. Diese „Strafe" sollte vorher innerhalb der Gruppe vereinbart werden.

Reflexion

- Welche Aufgabe hat euch am meisten Schwierigkeiten bereitet?
- Welche Aufgabe war leicht zu bewältigen?

Jeu de révision

Kopiervorlage: Spielplan

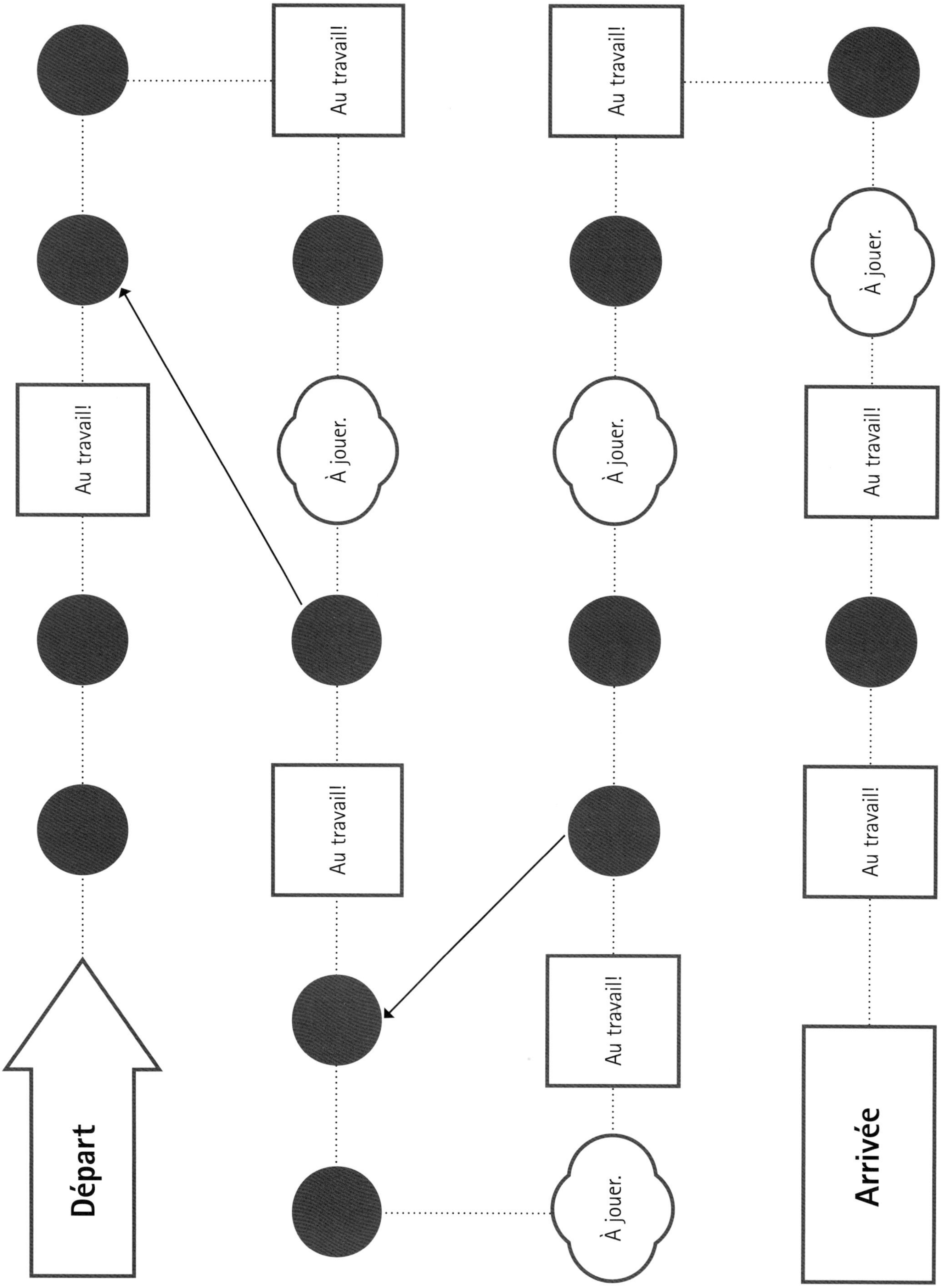

Départ

Au travail!

Au travail!

À jouer.

Au travail!

Au travail!

À jouer.

Au travail!

À jouer.

À jouer.

Au travail!

Au travail!

Arrivée

Jeu de révision

Kopiervorlage: Aktionskarten 1/4

Traduis: Das ist meine Schwester.	**Traduis:** Das sind meine Brüder.	**Traduis:** Was ist das?	**Traduis:** Wer ist das?
Voilà, ma sœur./ *C'est ma sœur.*	*Voilà, mes frères./* *Ce sont mes frères.*	*Qu'est-ce que c'est?/* *C'est quoi? (fam.)*	*C'est qui?*
Traduis: Wo wohnst du?	**Traduis:** Was ist dort/ gibt es dort?	**Traduis:** Wie alt bist du?	**Traduis:** 2 – 12 – 20 – 22
Où est-ce que tu *habites?/Tu habites où?* *(fam.)*	*Qu'est-ce qu'il y a?*	*Tu as quel âge?*	*deux – douze –* *vingt – vingt-deux*
Traduis: Meine Oma heißt Josephine.	**Traduis:** Juju arbeitet in ihrem Zimmer.	**Traduis:** Wo sind deine Fotos?	**Traduis:** Die Schüler gehen in ihren Klassenraum.
Ma grand-mère *s'appelle Josephine.*	*Juju travaille* *dans sa chambre.*	*Où sont tes photos?*	*Les élèves vont dans* *leur salle de classe.*
Traduis: Das Buch ist auf dem Bett.	**Traduis:** Die Hose ist im Schrank.	**Traduis:** Die Maus ist unter dem Stuhl.	**Traduis:** Das Fahrrad ist vor dem Haus.
Le livre est sur le lit.	*Le pantalon est* *dans l'armoire.*	*La souris est* *sous la chaise.*	*Le vélo est devant la* *maison.*
Traduis: Die Katze ist hinter dem Haus.	**Traduis:** Ich bin zwischen Jan und Peter.	**Traduis:** Bonn ist in der Nähe von Köln.	**Traduis:** Neben ...
Le chat est *derrière la maison.*	*Je suis entre* *Jan et Peter.*	*Bonn est près* *de Cologne.*	*À côté de ...*
Conjugue le verbe: être	**Conjugue le verbe:** faire	**Conjugue le verbe:** avoir	**Conjugue le verbe:** manger

© Verlag an der Ruhr | Autoren: Jennifer Mockenhaupt, Simone Nettingsmeier | ISBN 978-3-8346-3815-1
www.verlagruhr.de | Kapitelmotiv © abcmedia / Fotolia.com

Jeu de révision

Kopiervorlage: Aktionskarten 2/4

Conjugue le verbe: ranger	**Conjugue le verbe:** travailler	**Conjugue le verbe:** pouvoir	**Conjugue le verbe:** vouloir
Conjugue le verbe: prendre	**Conjugue le verbe:** répondre	**Conjugue le verbe:** être	**Conjugue le verbe:** parler
Conjugue le verbe: travailler	**Conjugue le verbe:** pouvoir	**Conjugue le verbe:** vouloir	**Conjugue le verbe:** prendre
Conjugue le verbe: attendre	**Conjugue le verbe:** apprendre	**Conjugue le verbe:** parler	**Conjugue le verbe:** faire
Présente-toi! tes matières préférées	**Présente-toi!** nom, âge, adresse	**Présente-toi!** Qu'est-ce que tu aimes dans ta ville?	**Présente-toi!** tes hobbys
Présente-toi! ta famille	**Énumère 5 mots au sujet de:** le CDI	**Énumère 5 mots au sujet de:** l'école	**Énumère 5 mots au sujet de:** au supermarché

Jeu de révision

Kopiervorlage: Aktionskarten 3/4

Énumère 5 mots au sujet de: les animaux	**Énumère 5 mots au sujet de:** l'emploi du temps	**Mets au passé composé:** je pars – tu dors – il mange *je suis parti/e – tu as dormi – j'ai mangé*	**Mets au passé composé:** je fais – nous sommes – il pense *j'ai fait – nous avons été – il a pensé*
Mets l'infinitif au participe passé: mettre – apprendre – lire *mis – appris – lu*	**Mets au passé composé:** elles viennent elle tombe *elles sont venues* *elle est tombée*	**Mets l'infinitif au participe passé:** ouvrir – aller – dormir *ouvert – allé – dormi*	**Mets l'infinitif au participe passé:** dire – écrire – vouloir *dit – écrit – voulu*
Mets l'infinitif au participe passé: voir – venir – pouvoir *vu – venu – pu*	**Mets à l'impératif:** Hab keine Angst! *N'aie pas peur.*	**Conjugue le verbe:** faire	**Conjugue le verbe:** être
Conjugue le verbe: manger	**Mets à l'impératif:** Sei nicht traurig! *Ne sois pas triste.*	**Mets l'infinitif au participe passé:** devoir – comprendre – prendre *dû – compris – pris*	**Qu'est-ce qu'on dit?** Du fühlst dich nicht gut. *Je (ne) suis pas en forme./* *Je suis fatigué,e/malade.*
Traduis: schwarz – weiß – blau – grau *noir – blanc/che – bleu,e – gris*	**Traduis:** ein weißes Kleid ein grauer Anorak *une jupe blanche* *un anorak gris*	**Traduis:** 100 – 141 – 1000 *cent – cent quarante et un – mille*	**Traduis:** 9 – 19 – 99 *neuf – dix-neuf – quatre-vingt-dix-neuf*
Traduis: (Demonstrativbegleiter) dieses Buch – dieses Mädchen – diese Kinder *ce livre – cette fille – ces enfants*	**Nenne fünf Hausverben!** p.ex. aller – rentrer – (re)venir – entrer – partir – monter – sortir – arriver – retourner – descendre – tomber – rester	**Nenne fünf Hausverben!** p.ex. aller – rentrer – (re)venir – entrer – partir – monter – sortir – arriver – retourner – descendre – tomber – rester	**Nenne fünf Hausverben!** p.ex. aller – rentrer – (re)venir – entrer – partir – monter – sortir – arriver – retourner – descendre – tomber – rester

Jeu de révision

Kopiervorlage: Aktionskarten 4/4

Qu'est-ce qu'on dit? du tröstest jemanden	**Traduis:** Clémence geht nie ins Kino.	**Traduis:** Ich verstehe nichts.	**Traduis:** Er sieht niemanden.
Ce n'est pas grave./ Ne sois pas triste.	*Clémence ne va jamais au cinéma.*	*Je ne comprends rien.*	*Il ne voit personne.*
Traduis: Sie hat niemanden gefunden.	**Traduis:** Sie hat nie Fußball gespielt.	**Traduis:** Sie will niemanden einladen.	**Mets à l'inversion:** Qu'est-ce que tu fais?
Elle n'a trouvé personne.	*Elle n'a jamais joué au foot.*	*Elle ne veut inviter personne.*	*Que fais-tu?*
Mets à l'inversion: Pourquoi est-ce qu'elle porte le chapeau vert?	**Mets à l'inversion:** Est-ce que vous faites du sport?	**Mets à l'inversion:** Comment est-ce qu'il va à l'école?	**du/de l'/de la/des? Complète:** Elle achète ...... *(du)* miel, ... *(de la)* farine, ... *(de l')* eau, ... *(des)* pommes.
Pourquoi porte-elle le chapeau vert?	*Faites-vous du sport?*	*Comment va-t-il à l'école?*	
Traduis: Ich gebe ihr das Buch.	**Traduis:** Die Jungen haben mir wehgetan.	**Traduis:** Ich werde dir etwas erzählen.	**Traduis:** Paul spricht mit ihm.
Je lui donne le livre.	*Les garçons m'ont fait mal.*	*Je vais te raconter qc.*	*Paul parle avec lui./ Paul lui parle.*
Traduis: Leila stellt euch Fragen.	**Traduis:** Yann schlägt ihnen etwas vor.	**Traduis:** Er liebt sie.	**au/à la/à l'/aux? Complète:** Luc va ...... école *(à l')*. Élise va ...... toilettes *(aux)*. Tom va ...... lit *(au)*. Mon père va ...... bibliothèque *(à la)*.
Leila vous pose des questions.	*Yann leur propose qc.*	*Il l'aime.*	

Jeu de révision

Kopiervorlage: Dialogkarten

À jouer:

Jouez le dialogue:

Chez le médecin

Une personne a mal à la gorge.

À jouer:

Jouez le dialogue:

Au CDI

Tu cherches une BD d'Astérix.

À jouer:

Jouez le dialogue:

Dans la boutique

Vous achetez des vêtements.

À jouer:

Jouez le dialogue:

Au marché aux puces

Vous voulez acheter un cadeau pour la grand-mère.

À jouer:

Jouez le dialogue:

Nouveau à l'école

Vous vous présentez (nom, âge, hobbys ...).

À jouer:

Jouez le dialogue:

À la boulangerie

Vous voulez acheter quelque chose.

À jouer:

Jouez le dialogue:

Au camping

Tu rencontres un garçon/une fille au camping.
Vous vous présentez (nom, âge, pays, famille ...).

À jouer:

Jouez le dialogue:

Faire un rendez-vous

Vous téléphonez pour faire un rendez-vous pour le week-end.

Spieleübersicht nach Kompetenzen & Lernjahr

Spiel (Seite)	Spielart*	Inhalt	Geförderte Kompetenzen						Lernjahr
			Kommunikative Kompetenz	Schreib-kompetenz	Leseverstehen	Hörverstehen	Grammatische Kompetenz	Interkulturelle Kompetenz	
Kapitel 1: Aussprache									
Les virelangues (S. 8)	We	Zungenbrecher				X		X	ab 3
Bien lire (S. 12)	We	Lesen			X	X			ab 1
Kapitel 2: Grammatik									
Par cœur (S. 13)	Re	Verbkonjugation					X		ab 1
Hier, aujourd'hui et demain (S. 15)	K	Verben	X			X	X		ab 1
Concours des verbes (S. 19)	We	Verben, Zeiten					X		ab 4
Le champion des pronoms (S. 22)	We	direkte und indirekte Objekt-pronomen		X	X		X		ab 3
La bataille navale (S. 28)	Ra	Stellung und *accord* der Adjek-tive	X			X	X		2–3
Kapitel 3: Hörverstehen									
Le roi/La reine des chiffres (S. 31)	We	Zahlen				X			ab 2
Qu'est-ce que tu entends? (S. 32)	Ra	Aussprache	X			X			ab 1
Kapitel 4: Kommunikation									
L'interdit (S. 35)	We	Wörter erklären	X			X			3–4
Demander et répondre (S. 39)	K	Fragen stellen und beantworten	X	X			X		ab 2
Qui suis-je? (S. 42)	Ra	Entscheidungsfragen	X			X			ab 3
Mensonge (S. 43)	K	Ferien, *passé composé*	X			X	X		ab 3
Les cadeaux du Père Noël (S. 46)	K	Weihnachtsgeschenke	X			X			1–2
Ma journée à l'école (S. 52)	T	Schulalltag, Uhrzeiten	X			X	X		1–2
Kapitel 5: Wortschatz									
Je fais ma valise (S. 55)	Wo	Kleidung und Farben	X			X	X		ab 1
Ça fait combien? (S. 57)	T	Geld, Preise	X			X			ab 1
Chasseur des mots (S. 60)	We	Wortfelder, Wörter suchen		X					ab 2
Le jeu de la famille et des copains (S. 62)	Z	Familie, Haustiere, Freunde			X				ab 1
Les couleurs (S. 65)	Z, We	Farben	X			X			1–3

Spieleübersicht nach Kompetenzen & Lernjahr

Spiel (Seite)	Spielart*	Inhalt	Geförderte Kompetenzen						Lernjahr
			Kommunikative Kompetenz	Schreib-kompetenz	Leseverstehen	Hörverstehen	Grammatische Kompetenz	Interkulturelle Kompetenz	
Les fringues (S. 67)	Wo	Kleidungsstücke, Farben	X	X	X	X	X		1–2
Le relais (S. 71)	Z, We, Wo	Kleidung/Zahlen/Wetter, Wörter zuordnen			X		X		ab 1
Le couple de vocabulaire (S. 75)	Wo	Wortpaare finden	X			X			ab 1
Lieux et métiers (S. 76)	Re	Orte und Berufe, Präpositionen	X			X	X		1–2
Kapitel 6: Rechtschreibung und Satzbau									
Les lettres de la Tour Eiffel (S. 78)	Wo	frz. Alphabet, Rechtschreibung	X	X	X	X			ab 1
Les phrases en cercle I (S. 80)	Z, Re	sich vorstellen, Fragen stellen, Satzfragmente ordnen			X		X		1–2
Les phrases en cercle II (S. 86)	Z	dt.-frz. Beziehungen, Text zusammensetzen			X		X		ab 5
Qui est-ce qui? (S. 89)	K	Alltagsvokabular	X			X			ab 2
Dix en tout (S. 90)	S	eine Geschichte schreiben		X					ab 1
Une mémoire d'éléphant (S. 91)	S	Textstellen memorieren		X	X				ab 1
Kapitel 7: Themenübergreifendes Lernen									
Jeu de révision (S. 92)	K, Re	Grammatik, Wortschatz, Kommunikation	X			X	X		1–4

* K = Kommunikationsspiel: mündlicher Austausch
Re = Regelspiel: Übung und Anwendung von Regeln
Ra = Ratespiel: Quizfragen und Rätsel
S = Schreibspiel: Satz- und Textproduktion
T = Tandem
We = Wettbewerb
Wo = Wortspiel: Sammlung und Analyse von Wörtern
Z = Zuordnungsspiel

Medientipps

Gauthey, Sylvie/Morel-Groove, Catherine:
Fundgrube Französisch
Cornelsen Scriptor, 2006.
ISBN 978-3-589-22182-0

Ein Buch mit vielen konkreten Vorschlägen für den Unterricht, darunter befinden sich auch einige Spiele und Kopiervorlagen.

Krechel, Hans-Ludwig (Hrsg.):
Französisch unterrichten: planen, durchführen, reflektieren
Cornelsen Scriptor, 2014.
ISBN 978-3-589-22694-8

In diesem Buch werden wichtige Aspekte des modernen Fremdsprachenunterrichts beleuchtet und mit Beispielen veranschaulicht. In Kapitel 3.11 (Lernspiele von Valérie Wehage) finden Sie eine Übersicht von Spielen auf verschiedenen Niveaustufen mit einer kurzen Erklärung und Hinweisen zu Einsatzmöglichkeiten.

Krieb, Anika/Mockenhaupt, Jennifer:
99 Tipps für Französisch
Cornelsen Scriptor, 2017.
ISBN 978-3-589-15184-4

Dieses Buch enthält Tipps für motivierenden Französischunterricht, darunter auch Spiele zu den Themen Wortschatz, Grammatik, Schreiben und Sprachmittlung.

Malaci-Dadecko, Ivetta:
Mein Vokabelheft mit System – sammeln, ordnen, behalten
Verlag an der Ruhr, 2017.
ISBN 978-3-8346-3813-7

Dieses individuell gestaltbare Vokabelheft erleichtert durch hilfreiche Sprachvergleiche und das Durchschauen von Sprache als System das Vokabellernen.

111 Foto-Karten zur Sprachförderung – Bild-Impulse als Erzähl- und Schreibanlässe für den DaZ- und Fremdsprachenunterricht
Verlag an der Ruhr, 2017.
ISBN 978-3-8346-3722-2

Hierbei handelt es sich um speziell für die Bedürfnisse des Fremdsprachenunterrichts ausgesuchte Motive für kreative und spielerische Sprachhandlungen und vielfältige Sprechanlässe. Dazu gehört ein Begleitheft, das zahlreiche Ideen für den Einsatz der Karten liefert.